KB204004

보조국사 지눌의 수행 비전

마음 닦는 비결

보조국사
지눌의
수행 비전(秘傳)

마음 닦는 비결

나라연

머리말

한 시인은 '나를 키운 건 팔할이 바람이다'라고 하였듯이 나를 키운 건 팔할 이상이 은사이신 해안 스님이다. 해안 스님은 몸을 낳아준 부모 이상으로 나의 몸과 정신의 고향이고 뿌리이다. 사람에게는 세 가지 복이 있는데, 첫째는 사람 몸 받아 세상에 난 것이고, 둘째는 남자 몸 되어 수행의 길에 들어선 것이며, 셋째는 자신의 사표(師表)가 되어줄 좋은 스승을 만나는 일이다. 나는 그 세 가지를 모두 누렸으니 어느 생엔가 내가 생각지 못했던 큰 공덕을 지은 것이 틀림없다.

스님을 모시면서 나는 참으로 스님처럼 되고 싶었다. 스님처럼 말하고 스님처럼 행동하고 스님처럼 생각하고자 했다. 하지만 언제나 스님은 훌쩍 저 건너편에 계시곤 하셨다.

비록 스님은 저 건너 세상으로 가셨지만 제자의 마음은 여전히 매 순간 스승의 가르침을 듣는다. 그리고 이 몸을 빌어 스님께서 평생을 말씀하셨던 바른 가르침을 세상에 전하고자 하는 바람이 있다.

보조지눌 스님의 「수심결(修心訣)」은 스님 곁을 지키며 생활하는 동안 스님의 말씀 사이사이에서 오래도록 자주 배웠던 가르침이다. 그러나 온전히 강의로 들은 바는 이 강의가 처음이자 마지막이다. 이는 스님 세수 70세 무렵 전주 정혜사에서 펼쳐졌던 매우 희유한 강의다. 스님께서 강의에 앞서 말씀하셨던 것처럼 이 수심결에 이어 진심직설까지 강의가 이루어졌다면 후인(後人)들이 정진해 가는 데 커다란 디딤돌이 되었을 것인데 참으로 안타까운 마음이다.

지금도 법단에 올라 강강한 음성으로 법음을 들려주시던 은사 스님의 모습이 눈앞에 선명하건만 어느 새 올해로 열반 40주기를 맞이하였다. 그러나 시간을 거슬러 그리움은 더욱 더해지기만 하는구나.

자칫 스님의 이 소중한 가르침이 세월 뒤로 묻힐 뻔하였다. 일찍이 『해안집』을 3권으로 묶었으나 대중들의 손에 들기에는 다소 버거운 장정이었다. 금번 도서출판 나라연에서 마음을 내어 주제에 따라 분책을 하여 펼쳐보기 쉽게 편집과 장정을 새로 하였다.

마음을 써준 출판사에 고마운 마음 전하며, 이 책으로 인하여 공부하고자 하는 이들이 정법(正法)의 울타리 안에서 모든 뜻 성취하기를 간절히 기원한다.

불기 2558(2014)년 4월

전등선림에서 동명 합장

차례

수심결 법문을 시작하는 오늘 이 절에 모신 김씨 영가(靈駕)의 제사를 맞이하게 되었습니다. 유명(幽明)을 달리한 영가와 지금 이 자리에 살아 있는 대중과 한 자리에서 이 법문을 듣게 된 것입니다. 그럴 리는 없겠지만, 모르는 사람들은 '산 사람을 놓고 말을 해야 알아듣지, 죽은 영가를 위패(位牌)에다 적어 놓고 그 앞에서 설법을 하면 과연 그 영가가 알아들을 수 있을까.' 하는 의문이 드는 것도 사실이겠지요.

산 사람에게는 몸뚱이가 있습니다. 안이비설신의(眼耳鼻舌身意)가 분명히 있어서 눈으로 보고, 귀로 듣고, 뜻으로 헤아리기 때문에 법문을 하면 들을 수 있습니다. 그러나 영가로 말하자면 육신을 이루고 있던 지수화풍이 다 흩어져서 각각 돌아갈 데로 가

버리고, 아무것도 보이지 않습니다. 화장을 하면 타서 재만 남고, 갖다 묻으면 땅 속에서 부패하게 마련인데, 여기다 위패를 모셔 놓고 영가를 위해 법문한다는 것이 어찌 보면 더 허망한 것 같기도 합니다.

하지만 돌이켜 생각해 보면, 죽은 사람뿐 아니라 살아 있는 사람에게도 지금 이 법문을 듣는 것이 무엇이냐 하는 것을 물을 필요가 있습니다. 이 육신덩어리가 듣는 것이냐, 아니면 고깃덩어리말고 딴 무엇이 있어서 법문을 듣는 것이냐, 이것을 생각해 본다면 이해가 갈 것입니다. 어쨌거나 소리가 귀에 닿아서 귀가 듣는 것이라고 생각하지만, 금방 죽은 사람은 아직 썩지 않아서 귀도 있고 눈도 있는데 다만 보지도 못하고 듣지도 못할 뿐입니다. 뿐만 아니라 산 사람도 지금 이 자리에서 시계가 째깍째깍 가고 있지만 거기다 마음을 두지 않으면 들리지 않습니다. 그렇다면 산 사람이나 돌아간 영가나 몸뚱이를 가지고 듣는 것이 아닌 이상, 듣는 성품은 마찬가지일 것입니다. 산 사람이 듣는다고 해서, 자기가 듣는 그 성품이 지금 눈앞에 보이느냐 그 말입니다. 여러분들이 못 본다고 하면 영가나 여러분이나 마찬가지가 아니겠습니까.

불교에서는 영가(靈駕)를 천도(薦度)한다고 합니다. 일반 사회에서는 영혼을 추도(追悼)한다고 하는데, 불교에서는 죽은 이를 위해서 슬퍼하는 정도에 그치는 것이 아니라, 산 사람을 제도하듯이 죽은 사람도 똑같이 제도한다는 것입니다. 영가를 제도한다는 것은 영가가 나쁜 길에 떨어지지 않고 깨달아서 극락세계로 가게 하는 것입니다.

김씨 영가는 마지막을 잘 닦은 복인이었던가 봅니다. 있기 어려운 이런 정진을 당해서 마침 제사를 맞게 되었으니 말입니다. 여러 대중과 영가가 함께 이 법문을 들으시고 무상을 증득한다면 금번 정진이 의미가 크다 하겠습니다.

오늘 하려고 하는 것은 보조국사(普照國師)의 『수심결(修心訣)』입니다. 수심결이란 마음을 닦는 비결입니다. 무엇을 하든 거기에는 가장 요긴한 비결이 있게 마련입니다. 가령 우리가 몸뚱이를 닦는다면, 우선 물을 써서 닦겠지만 더 잘 닦으려면 비누질을 하면 되겠지요. 몸은 비누로 닦고 방은 걸레로 닦겠지만 마음은 보이지 않는 이상 무엇으로 어떻게 닦아야 할까요? 절을 많이 한다든가, 또는 무리해서 힘을 쏟는다고 마음을 깨끗이 할 수 있겠습니까. 아무리 많은 보시를 해도 마음을 깨끗이 하는 것보다는 못하다는 말이 있습니다.

이제까지 다른 법문은 많이 했습니다만, 수심결 법문은 한 차례도 하지 않았습니다. 이번에는 전에 안 했던 법문을 해서 배우지 못했던 것을 듣도록 해야겠다는 뜻에서 수심결을 하게 되었습니다. 그런데 이 법문이 상당히 길어서 며칠을 해야 끝이 날지는 모르겠습니다. 수심결을 하고, 그 다음에 진심직설(眞心直說)

이라고 하는 법문까지 하려고 생각을 했으나 도저히 그것까지는 어려울 것 같습니다. 그냥 읽어 넘기면 못할 것까지는 없지만, 기왕 하는 법문인데 여러분이 듣고 이해하도록 하려면 시간이 조금 더 걸리지 않을까 생각합니다. 쉬운 것은 얼른얼른 읽어서 넘기고, 어렵다는 생각을 낼 만한 데 가서는 말을 좀더 붙여서 설명하겠습니다.

마음 닦는 비결

윤회를 면하고자 한다면

◉

三界熱惱 猶如火宅
其忍淹留 甘受長苦
欲免輪廻 莫若求佛
若欲求佛 佛卽是心
心何遠覓 不離身中
色身是假 有生有滅
眞心如空 不斷不變
故云
百骸潰散 歸火歸風
一物長靈 蓋天蓋地

삼계의 뜨거운 번뇌가 불난 집과 같은데, 어찌 거기에 지체해서 오랜 고통을 달게 받는가. 윤회를 면하고자 한다면 부처를 구하는 길이 제일이니, 부처를 구하려 하는가? 부처는 다름 아닌 마음이다. 마음을 어디 먼 데서 찾는가. 그것은 몸을 떠나 있지 않다.

색신(色身)은 거짓〔假〕이라, 생기는 일도 있고 멸하는 일도 있지만 진심(眞心)은 허공과 같아 끊임도 없고 변함도 없다. 그러므로 "백 마디 뼈는 부서지고 흩어져서 불과 바람으로 돌아가지만 길이 신령스런 한 물건은 하늘을 덮고 땅을 덮는다." 하였다.

【강의】 삼계는 욕계(欲界), 색계(色界), 무색계(無色界)를 말하는데, 여기서는 그저 우리 사는 집이 불난 것 같다고 생각하시면 되겠습니다. 중생의 번뇌가 불을 질러서 집을 태우는데, 불난 집에서 얼른 나와 버려야지 참고 지체하면 당장의 고통은 차치하고 생명을 잃을 것입니다. 그런데 망상과 집착에 빠진 중생들은 수고롭게 그 고통을 달게 받고 있습니다. 그렇다면 불난 집에서 어떻게 나올까요? 즉 어떻게 윤회를 면할까요?

윤회라는 것은 바퀴 윤(輪) 자, 돌 회(廻) 자로, 쳇바퀴 돌듯 뱅뱅 돌아서 그 밖을 벗어날 줄 모른다는 말인데, 우리가 이 생사 속에서 밤낮 났다 죽었다, 났다 죽었다 하는 것을 두고 그렇게 표현했습니다. 그 밖으로 나가기만 하면 좋은 극락세계가 있는데 말입니다.

윤회를 벗어나려면 부처를 구해야 합니다. 부처를 보고자 한다면 그것이 바로 자기 마음인 줄을 알아야 합니다. 부처라고 해서 저 불단 위에 모신 부처를 생각한다든지, 과거 삼천 년 전 석가모니불이나, 미래에 하생하실 미륵불을 생각하지 말고, 지금 내가 이렇게 말하고 있는 이것, 지금 여러분이 듣고 있는 이것을 생각하십시오. 마음이 바로 부처라면 뭐 하러 멀리 저 산꼭대기나 들이나 시장으로 다니면서 찾을 필요가 있겠습니까. 우리 몸 가운데 있는데 말입니다.

벨기에의 시인이자 극작가인 모리스 마테를링크 소설 「파랑새」에서는 크리스마스 전날 밤 선물은커녕 과자조차 먹지 못하고 잠이 든 틸틸과 미틸의 방으로 요술쟁이 할머니가 찾아와 행복의 파랑새를 찾아달라고 부탁합니다. 두 아이는 환상적이고 신비한 곳을 모두 돌아다니며 파랑새를 찾지만 아무 데서도 파랑새를 만나지 못합니다. 그러다 1년 만에 집에 돌아온 두 아이는 집에서 기르던 새가 바로 파랑새임을 발견하게 됩니다.

우리에게 너무나도 잘 알려진 이 이야기는 『화엄경』 「입법계품」에서 구도의 길을 떠나 53선지식을 두루 참방하는 선재동자의 행각을 연상시킵니다.

우리 몸뚱이(色身)는 거짓이라 했는데, 오온(五蘊)이 인연(因緣) 따라 잠시 모였다가 인연이 다하면 흩어져서 생멸이 있기 때문에 그렇게 말합니다. 반면 참마음은 부처를 말하는데 허공과 같다 하였습니다. 텅 빈 허공이 변하거나 끊어지는 일이 없듯이 우리의 참마음도 단절되거나 변하는 일이 없습니다. 그러므로 죽으면 뼈와 살은 다 썩고 흩어져서 돌아갈 데로 돌아가는데, 우리한테 있는 한 물건만은 무궁하고 영령하여 하늘을 다 덮고 땅을 다 덮고 있다는 말입니다.

◉

嗟夫

今之人迷來久矣

不識自心是眞佛

不識自性是眞法

欲求法而遠推諸聖

欲求佛而不觀己心

若言心外有佛

性外有法 堅執此情

欲求佛道者 縱經塵劫

燒身煉臂 敲骨出髓

刺血寫經 長坐不臥

一食卯齋 乃至轉讀

一大藏敎 修種種苦行

如蒸沙作飯

只益自勞爾

但識自心 恒沙法門

無量妙義 不求而得

슬프다, 요즘 사람들은 미혹한 지가 오래되었다. 자기 마음이 참 부처인 줄 알지 못하고 자기 성품이 참 법인 줄 알지 못해서, 법을 구하려고는 하나 멀리 여러 성인들에게 미루며 부처를 구하려 하지만 자기 마음을 관하지 않는다.

마음 바깥에 부처가 있다거나 성품 바깥에 법이 있다고 하면서 이런 생각을 굳게 집착한 채 불도를 구하려는 자는, 티끌같이 많은 겁이 지나도록 몸을 태우고 연비를 하며, 뼈를 부숴 골수를 뽑으며, 피를 내서 경을 베껴 쓰며, 눕지 않고 오래도록 앉아만 있으며, 하루에 묘시(卯時) 한 끼만 먹으며, 나아가 일대장교를 다 읽고 갖가지 고행을 닦더라도 모래를 쪄서 밥을 짓는 격이라, 스스로 수고만 더할 뿐이다.

자기 마음을 알기만 하면 항하의 모래알만큼 많은 법문과 무량한 묘의(妙義)를 구하지 않아도 얻게 된다.

【강의】 부처를 구하려면 자기 마음을 관(觀)해야 할 텐데, 자기 마음은 관하지 않고 저 멀리 성현한테서나 찾으니 그것이 슬픈 일입니다. 중생은 자기 마음 바깥에 부처가 있고 제 성품 바깥에 법이 있다고 착각을 하고 삽니다.

이런 생각을 고수하고서는 아무리 열심히 해도 다 허사입니다. 수많은 세상을 지내도록 소신공양을 하고 분골쇄신하며, 피를 쏟아서 경을 쓴다든가 장좌불와를 한다면 신심이 장한 사람이고 수행도 열심히 하는 사람이라고 할 것입니다.

부처님도 성도하시기 전에 무량겁을 두고 그렇게 고행을 하셨습니다. 그러나 그렇게 해서 부처가 되는 것은 아닙니다. 그러니 도를 배우는 사람은 부처 되는 줄 알고 제 몸뚱이를 볶을 필요는 없습니다. 그렇게 할지라도 마치 모래를 쪄서 밥을 짓는 것과 같아서 자기 몸만 수고로울 뿐입니다. 모래로 지은 밥을 어떻게 먹을 수 있겠습니까. 애초부터 안 될 일이지요.

그러면 어떻게 해야 할까요? 자기 마음만 알면 수많은 법문과 한량없는 묘한 뜻을 구하지 않아도 저절로 얻게 됩니다. 이 말은 자기 마음에 무량공덕이, 항사법문이 다 갖추어 있다는 뜻입니다.

옛말에 '백년탐물일조진(百年貪物一朝塵) 삼일수심천재보(三日修心千載寶)'라는 말이 있습니다. 백 년 동안 피땀 흘려 모은 재산이 하루아침에 재로 변할 수 있지만 사흘 동안 자기 마음을 잘 닦으면 그것은 무량한 세월 동안 보배가 된다는 말입니다. 그러기에 옛 조사스님들이 오직 마음, 마음 해 온 것입니다.

◉

故世尊云
普觀一切衆生
具有如來智慧德相
又云
一切衆生種種幻化
皆生如來圓覺妙心
是知離此心外 無佛可成
過去諸如來 只是明心底人
現在諸賢聖 亦是修心底人
未來修學人 當依如是法
願諸修道之人 切莫外求

心性無染 本自圓成
但離妄緣 卽如如佛

그러므로 세존께서 "모든 중생을 빠짐없이 관찰해 보니 모두가 여래의 지혜와 덕상을 갖추었다." 하셨고, 또 "모든 중생의 갖가지 환화(幻化)가 다 여래의 원각묘심(圓覺妙心)에서 나왔다." 하셨다. 이 말씀으로 미루어보건대, 이 마음을 떠나서는 이룰 부처가 없음을 알 수 있다.

과거의 모든 여래도 단지 마음을 밝히신 분들이며, 현재의 모든 성현도 마음을 닦는 분들이며, 미래에 닦고 배울 이들도 이 법에 의지할 것이니, 도를 닦는 사람은 절대로 밖에서 구하지 말기를 바란다. 심성(心性)은 물든 적이 없이 본래 원만히 성취된 것이니, 허망한 인연을 떠나기만 한다면 그것이 여여(如如)한 부처이다.

【강의】 세존께서 깨닫고 나서 널리 일체 중생을 관하셨는데, 나에게만 여래의 지혜와 덕성이 있는 것이 아니라 일체 중생에게도 나와 똑같은 지혜와 덕성이 구비되었음을 보셨습니다. 그래서 그것을 두고 "아주 신기하다(奇哉奇哉)."고 표현하신 적이 있습니다. 또 일체 중생의 갖가지 허깨비 같은 일이 다 여래의 원각묘심에서 생긴다 하였는데, 원각묘심이란 원만히 깨친 마음을 말합니다. 일체 시위운동(施爲運動)이 이 원각심에서 생겨나니 이 마음을 떠나서는 부처를 이루지 못합니다.

과거 현재 미래를 막론하고, 누구든 이 도를 구하려면 밖에서가 아니라 자기한테서 찾아야 합니다. 부처나 성현들도 다를 것이 없습니다. 단지 이 마음을 닦아 밝힌 사람들일 뿐입니다. 심성이란 우리들 마음자리를 말하는데, 그 자리는 본래 물들음이 없습니다. 그러니 망상으로 모든 경계를 반연하는 일만 떠난다면 원래 청정한 그 자리, 즉 여여한 부처라는 말씀입니다.

어떤 장자의 아들이 어느 날 바다에 들어가 여러 해 동안 물에 잠겨 있던 흑단향목을 건져냈습니다. 그는 그것을 시장에 내다 팔려고 했습니다. 그러나 흑단향목은 너무나 귀한 것이라서 아무도 선뜻 사는 사람이 없었습니다. 마침 그의 옆에는 숯장수가 있었는데 그는 매일 한 수레의 숯을 끌고 나와 금방 팔아 치우고 돌아가곤 했습니다.

장자의 아들은 생각하기를, 팔리지 않는 흑단향을 내놓고 몇 날 며칠을 기다리는 것보다 차라리 숯으로 만들어 파는 것이 낫겠다고 했습니다. 그는 집으로 돌아가 그 비싼 흑단향목을 태워 숯을 만들어 시장에 내다 팔았습니다.

어쩌면 우리는 스스로가 자신의 진정한 모습을 가장 알지 못하는지도 모릅니다. 우리 내면의 본래 모습은 값비싼 흑단향이건만 시류에 휩쓸려, 욕망에 끄달려 우리는 스스로를 너무 쉽게 던져버리는지 모릅니다.

어째서 불성을 보지 못하는가

◉

問

若言佛性 現在此身

旣在身中 不離凡夫

因何我今 不見佛性

更爲消釋 悉令開悟

물었다.

"불성이 현재 이 몸에 있다고 한다면, 이미 몸에 있으므로 범부를 떠나지 않았을 터인데, 어째서 나는 지금 불성을 보지 못합니까? 다시 풀이해서 깨닫게 해주십시오."

【강의】 어떤 사람이 물었습니다.

앞에서 내 몸 가운데 있다고 말씀하시니, 나 같은 범부의 몸에 있는 것이 사실이라면 어째서 내가 현실적으로 불성을 보지 못 하는가, 그러니까 보이도록 좀 해달라는 말입니다.

여러분들도 지금 보아버리면 그만입니다. 그러면 길게 앉아 있을 것이 없지요. 그런데 이 본다는 것에는 여러 가지 방법이 있습니다. 가장 크게 볼 때 염불과 좌선이 있습니다.

염불은 불보살을 염하는 것입니다. 자신이 추앙하는 불보살을 머리 위에 떠올려 놓고 그분을 염하면서 이름을 외우고 마음을 오직 그분에게로 모읍니다. 그래서 불보살과 내가 하나 되는 때 나의 업장이 녹아내리고 환희를 느끼게 됩니다.

좌선은 선정수행입니다. 여기에는 하나하나를 관찰해 가는 방법과 '이 뭣꼬' 같은 화두에 온 마음을 집중해 가는 방법이 있습니다.

불교는 궁극적으로 한 마음이라 했습니다. 마음 한 번 바꾸면 그 사람의 삶이 바뀝니다. 이 말은 과학적으로도 추론할 수 있습니다. 마음이란 몸의 기능으로는 행동이나 의식을 일으키는 '욕구'입니다.

우리가 어떤 행동을 하거나 생각을 한다는 것은 그 이전에 반드시 그 행동이나 생각을 촉발시킨 원인이 있습니다. 객관적으로 오감에 의해 원인이 흡수되지만 그것을 인지하고 거기에 반응하는 것이 바로 우리의 마음입니다.

이 마음은 그 하나하나가 온몸의 세포와 뇌 신경줄에 연결되어 있어 즉각적으로 반응을 유도합니다. 마음 한 번 바꾸면 삶이 바뀐다는 의미는 바로 그 순간에 적용이 됩니다.

마음에는 습관적으로 일어나는 마음과 의도적으로 일으키는 마음이 있습니다. 수행은 이미 있던 습관적인 마음을 새로 일으킨 의도적인 마음으로 대치해 가는 작업입니다.

그러므로 습관적인 반응이 일어나려는 찰나에 새로운 마음을 일으켜 그것을 대치해버리면 곧 새로운 행동이나 생각으로 방향이 바뀌게 되는 것입니다.

불성을 본다는 뜻은 무언가 불성이라고 하는 것이 따로 있어 그것을 본다는 것이 아니라 이와 같이 이미 있던 습관을 버리고 새 마음으로 새 환경을 만들어나갈 때 저절로 알게 될 것입니다.

◉ 答

在汝身中 汝自不見
汝於十二時中
知飢知渴 知寒知熱
或瞋或喜 竟是何物
且色身是
地水火風 四緣所集
其質頑而無情
豈能見聞覺知
能見聞覺知者
必是汝佛性

답하였다.

"그대 몸 가운데 있건만 그대 스스로 보지 못하는구나. 그대가 하루 12시 가운데 배고픈 줄 알고 목마른 줄 알며, 차고 더운 것을 알며, 혹 화를 내기도 하고 기꺼워하기도 하는 이것이 결국 무엇이냐?

색신(色身)은 지 · 수 · 화 · 풍(地水火風) 네 가지 인연이 모여 있는 것이라, 그 바탕이 딱딱해서 아무 감정이 없으니 그것이 어떻게 보고 듣고 느끼고 알겠는가? 견문각지(見聞覺知)하는 능력은 필시 그대의 불성일 것이다."

【강의】 자기 몸 가운데 있는 것을 누가 보지 못하게 가려서가 아니라 스스로 보지 못한다는 말입니다.

12시란 지금의 24시간입니다. 요즘 두 시간을 옛날에는 한 시간으로 잡았기 때문이지요.

우리는 하루 온종일 무엇인가를 쉴새없이 합니다. 그 하는 놈의 정체가 무엇이겠습니까? 우선 색신이 그런 일을 한다고 가정해 보았습니다. 그러나 육신덩어리는 지 · 수 · 화 · 풍 네 가지 인연이 잠시 모여 있는 것일 뿐 그 자체가 생각이나 감정을 가졌다고는 할 수 없습니다. 그러니 견문각지하는 능력은 육신덩어리와는 무관합니다. 그렇다면 보고 듣고 깨닫고 아는 놈은 반드시 너의 불성이 아니겠느냐 하는 말씀입니다.

◉

故臨際云
四大不解說法聽法
虛空不解說法聽法
只汝目前 歷歷孤明 勿形
段者 始解說法聽法 所謂
勿形段者 是諸佛之法印
亦是汝本來心也
則佛性現在汝身
何假外求 汝若不信
略擧古聖入道因緣
令汝除疑 汝須諦信

그러므로 임제(臨際) 스님이 말씀하셨다.

"사대(四大)는 법을 설할 줄도 모르고 법을 들을 줄도 모른다. 허공도 법을 설할 줄 모르고 법을 들을 줄도 모른다. 다만 네 눈 앞에 역력히 홀로 밝은, 아무 형태도 없는 이것만이 비로소 법을 설할 줄도 알고 법을 들을 줄도 안다. 아무 형태도 없다고 하는 이것이 모든 부처의 법인(法印)이며 너의 본래 마음이기도 하다."

이렇게 보건대 불성이 지금 그대 몸에 있거늘 어찌 밖에서 구할 필요가 있는가. 만일 믿지 못하겠거든 옛 성인들이 도에 들어간 인연을 간략히 들어서 그대의 의심을 없애 주겠으니 그대는 진실로 믿어야 한다.

【강의】 임제 스님이 다 가르쳐 주셨습니다.

아무 형태도 없지만 역력고명(歷歷孤明)한 이것, 본래면목이라는 것이지요. 화두에도 본래면목이 있으니, 본래 네 얼굴이 본래 네 마음이다 그런 소리입니다.

부처의 법인(法印)이라고도 했는데, 도장(印)을 찍으면 도장에 새겨진 무늬와 종이에 찍힌 무늬가 한 치의 오차도 없이 똑같습니다. 부처에게 있는 성품과 중생에게 있는 성품도 그와 같이 똑같음을 비유한 것입니다.

이렇게 불성이 네 몸에 훤히 나타나 있거늘 어찌 밖으로만 구하느냐 하는데, 그 사실을 웬만해서는 믿는 중생이 없습니다. 그러니까 정 믿지 못하겠거든, 옛 성인들이 어떻게 해서 깨달았는지, 한 가지 예를 들어서 의심을 없애 주려고 다음 이야기를 하십니다.

◉

昔異見王 問婆羅提尊者
曰 何者是佛
尊者曰見性是佛
王曰師見性否
尊者曰我見佛性
王曰性在何處
尊者曰性在作用
王曰是何作用 我今不見
尊者曰今現作用
王自不見
王曰於我有否

尊者曰王若作用 無有不
是 王若不用 體亦難見
王曰若當用時 幾處出現
尊者曰若出現時 當有其
八
王曰其八出現 當爲我說
尊者曰在胎曰身 處世曰
人 在眼曰見 在耳曰聞
在鼻曰辨香 在舌談論 在
手執捉 在足運奔 徧現
俱該沙界 收攝 在一微塵

識者知是佛性 不識者
喚作精魂
王聞 心卽開悟

예전에 이견왕(異見王)이 바라제(婆羅提) 존자에게 물었다.

"어떤 것이 부처입니까?"

존자가 대답했다.

"불성을 보는 것이 부처입니다."

"그러면 스님께선 불성을 보십니까?"

"나는 불성을 봅니다."

"불성이 어디에 있습니까?"

"불성은 작용하는 데 있습니다."

"무슨 작용이길래 나는 보지 못합니까?"

"지금도 작용하건만 왕께서 스스로 보지 못할 뿐입니다."

"나에게도 있습니까?"

"왕께서 그것을 쓰신다면 그것 아닌 것이 없겠으나 왕께서 그것을 쓰지 않으면 체(體)도 보기 어렵습니다."

"작용을 할 때에는 몇 군데나 나타납니까?"

"출현할 때에는 여덟 군데로 나타납니다."

"출현하는 여덟 군데를 나를 위해 말해주소서."

존자가 대답했다.

"태(胎) 속에 있을 때는 몸이라 하고, 이 세상에 나오면 사람이라 하고, 눈에 있을 때는 보고, 귀에 있을 때는 듣고, 코에 있을 때는 냄새를 맡고, 혀에 있을 때는 이야기도 하고, 손에 있을 때는 잡고, 발에 있을 때는 움직여 다닙니다.

두루 펼치면 항하의 모래만큼 많은 세계를 다 꾸리고 거두어 들이면 한 티끌에 들어가니, 아는 사람은 이것을 불성이라 하지만 모르는 이는 정혼(精魂)이라 부릅니다."

왕이 듣고 나서 마음이 열려 깨달았다.

【강의】 지난번에 내가 '이 뭣고' 화두(話頭)를 설명할 때, 항시 움직여 쓰는 가운데(動用中) 있지만 이놈을 꽉 붙들어서 얻지 못하는 것이 있으니, 이것이 무엇이냐고 물은 적이 있습니다. 여기서 작용하는 데 있다고 한 말이 바로 그 말입니다.

늘 자기가 쓰면서도 자기는 알지 못하는 것이 불성이지요. 이견왕은 조금 멍청했던지, "나한테도 있습니까?" 하고 거듭 물었습니다. 그러자 존자는 만약 움직여서 쓴다면 불성 아닌 것이 없다고 대답했습니다. 써야 그놈이 나타나지, 안 쓰면 그것을 볼 수가 없다는 말입니다.

작용은 한 군데 고착되어 있는 것이 아니라 여기저기를 빙빙 돌아다닙니다. 여기서는 태, 세, 눈, 귀, 코, 혀, 손, 발 이렇게 여덟 군데를 들고 있습니다만, 부처의 집은 따로 없는 법입니다. 이것이 전체가 나타날 때에는 삼천대천세계에 꽉 찰 만큼 크지만, 거두어들이면 한 티끌 속에 들어간다 하였습니다. '수미산을 겨자씨 속에 넣는다(須彌納芥子).'는 말도 이와 같은 용례로 씁니다.

아는 사람들은 이것이 불성인 줄 분명히 알지만 모르는 자들은 정혼이라고들 합니다.

이견왕은 이 법문을 듣고 마음이 열렸다고 했는데, 드디어 불성을 보게(見性) 되었습니다.

눈병이 한번 들면

◉

又僧問歸宗和尙
如何是佛
宗云
我今向汝道 恐汝不信
僧云和尙誠言 焉敢不信
師云卽汝是
僧云如何保任
師云一翳在眼 空花亂墜
其僧言下有省
上來所擧古聖入道因緣

明白簡易 不妨省力
因此公案 若有信解處
卽與古聖 把手共行

또 어떤 스님이 귀종(歸宗) 화상에게 물었다.

"어떤 것이 부처입니까?"

그러자 귀종이 대답했다.

"내가 지금 너에게 말해주려 하나 네가 믿지 않을까 걱정이다."

"화상의 진실한 말씀을 어찌 감히 믿지 않겠습니까?"

"네가 바로 그것이다."

"그러면 어떻게 보림(保任)해야 합니까?"

"눈병이 한번 눈에 들면 허공 꽃(空花)이 어지럽게 떨어진다."

그 스님이 이 말끝에 깨달은 바가 있었다.

이상에서 소개한 바, 옛 성인들이 도에 들어간 인연은 명백하고 간단하여 힘을 덜어준다 하겠으니, 이 공안(公案)에서 믿음이 가는 곳이나 이해가 가는 곳이 있으면 옛 성인들과 손을 잡고 함께 다니게 될 것이다.

【강의】 이것은 또 다른 법문입니다. 어떤 학인이 귀종 화상에게 어떤 것이 부처냐고 물었습니다. 귀종은 대답에 앞서 미리 염려부터 합니다. 멀쩡한 놈보고 부처라고 하자니 안 믿을까 저어했기 때문입니다. 그러나 "네가 부처니라." 하는 한마디에 그 학인이 알아차린 것이 있었습니다. 이렇게 쉽게 얻는다면 오래 애쓸 것이 없습니다.

여기서 알았다는 것은 자신이 부처라는 사실을 이제 알았다는 뜻입니다. 부처임을 알았다 해서 다 된 것은 아닙니다. 마치 갓난아기도 사람은 사람이지만 사람 구실을 못하는 상태와 같습니다. 이목구비는 어른과 똑같이 있지만, 똥오줌도 다 가리고 나이를 먹어서 바람도 많이 쐬고 여러 가지 풍상도 겪고 해야 사람 구실을 하게 되는 것처럼, 자신이 부처임을 안 것으로는 완전하지 않습니다. 그래서 이 학인은, 부처는 부처지만 어떻게 잘 보(保)를 해서 가져야(任) 합니까 하고 물은 것입니다.

그러자 귀종이 한 가지 가리는 것이 눈에 있으면 허공 꽃이 어지러이 떨어진다고 대답했습니다. 저 봄날, 눈병 있는 사람은 물론, 눈병 없는 사람도 그럴 때가 간혹 있습니다. 허공을 쳐다보면 어른어른한 것이 꽃처럼 자꾸 이렇게 노는 것이 보입니다. 그것을 허공 꽃이 어지러이 떨어진다고 표현합니다. 이것은 눈을 씻고 봐도 없어지지 않는데, 허공에 허물이 있는 것이 아니라 눈에 허물이 있기 때문입니다. 그러니 마음이 활짝 열려버려야지 한 가지라도 가리는 것이 있으면 허공 꽃이 떨어지듯 마음이 그렇게 된다는 뜻입니다. 그 학인이 이 말끝에 또 깨달았습니다.

흔히들 법문만 많이 들어서는 깨치기 어렵다 하는데, 옛 성현들의 경우를 보면 그렇지 않습니다. 법문은 괜히 하는 것이 아닙니다. 화두만 잡고 있다 깨닫는 것이 아니니 여러분 중에도 법문을 듣다가 깨닫는 이가 나올 것입니다.

지금까지 옛 성인이 도에 들어간 인연을 소개했는데 복잡하지 않고 명백합니다. 네가 부처다 그런 말이지요. 복잡하면 공부하기도 어려울 테지만 간단명료하니까 힘을 덜기에 충분합니다. 그러니 이러한 인연 중에 믿어서 아는 곳이 있으면 모든 부처들이나 모든 조사들과 동무가 될 것입니다. 서로 손가락 하나만 들어도 무슨 뜻인지를 알 테니 말이지요. 꼭 한 시대에 나서 몸뚱이를 같이하고 다녀야 함께 다니는 것이 아니라, 뜻을 알면 동행이 되는 것입니다.

◉

問

汝言見性 若眞見性 卽是
聖人 應現神通變化 與人
有殊 何故 今時修心之輩
無有一人 發現神通變化
耶

答

汝不得輕發狂言 不分邪
正 是爲迷倒之人 今時學
道之人 口談眞理 心生退
屈 返墮無分之失者 皆汝
所疑
學道而不知先後 說理而
不分本末者 是名邪見 不
名修學
非唯自誤 兼亦誤他
其可不愼歟

물었다.

"그대가 견성을 했다 하니 진짜로 견성을 했다면 성인입니다. 그렇다면 다른 사람들과는 달리, 신통변화를 나타내야 할 것입니다. 그런데 어째서 지금의 마음 닦는 사람 중에는 신통과 변화를 나타내는 이가 하나도 없습니까?"

대답하였다.

"그대는 경망스럽게 광언을 해서는 안 된다. 삿된 것과 바른 것을 가리지 못하면 미혹한 사람이며 전도된 사람이다. 요즘 도를 배우는 사람들은 입으로는 진리를 논하나 마음으로는 퇴굴심을 낸다. 그리고는 도리어 자기에게는 그럴 자격이 없다고 여기는 허물에 떨어지니, 모두가 그대 같은 의심을 내기 때문이다.

도를 배우면서도 선후를 알지 못하고 진리를 논하면서도 근본과 지말을 분간하지 못하는 것을 사견(邪見)이라 하며, 닦아 익힌다고 하지 않는다. 이런 이는 자기만 망치는 것이 아니라 남까지 그르치니 어찌 조심할 일이 아니겠는가."

【강의】 견성을 했다고 하니, 그것이 참말이라면 성인이겠고, 성인이라면 당연히 범부와는 다른 것이 있어야 합니다. 신통을 부려서 여기 촛대를 불면 저 방에도 가 있다가 부르면 이 자리에도 왔다가 해야 할 것 아니겠습니까. 그런데 어째서 마음을 닦는 사람은 있으면서도 신통변화를 나타내는 이는 한 번도 보지 못하느냐는 질문입니다. 그런 소리 하는 사람들이 요즘도 더러 있습니다. 저 사람이 견성을 했다면서 똑같이 밥 먹고 옷 입고, 화도 내고, 이런 소리들 많이 합니다.

대답을 잘 들어보십시오.

대답은 한마디로 미친 소리 하지 말라는 것입니다. 그런 의심은 무엇이 삿된 길인지, 무엇이 바른 길인지도 분별할 줄 모르는 미혹과 전도에서 나온 소리이기 때문이지요. 지금 도를 배우는 사람들이 입으로는 부처님 법을 이야기하나 마음으로는 게으름이 생겨 이제까지 닦아 왔던 것마저도 버리는 퇴굴심을 냅니다.

도를 배우는 데는 먼저 해야 할 것이 있고 나중에 해야 할 것이 있습니다. 또 이치를 말할 때도 근본적인 것이 있고 지말적인 것이 있습니다. 그러나 이런 의심을 내는 자들은 선후와 본말을 분별할 줄 모르는 사람들입니다. 이들을 '공부를 하는 사람'이라

하지 못하며, 삿된 소견을 가진 자라고 합니다. 자기만 그르치는 것이 아니라 남까지 그르치니 조심하지 않을 수 있겠느냐는 말씀입니다.

"봉사 하나가 여러 봉사를 끌고간다(一盲引衆盲)."는 말을 이런 경우에 씁니다. 자기 앞도 못 보면서, 나만 따라오면 틀림없이 다 좋은 데로 간다고 광언을 해서 여러 봉사를 끌고갑니다. 그러니 어떻게 되겠습니까. 모두 다 수렁에 빠지겠지요.

실제로 이 세상에는 그런 일이 많습니다. 자기도 도를 알지 못하면서 남을 가르친다고 스승 노릇하는 사람이 많은데, 스승 되면 남한테 대접받으니까 그게 좋아서 하는 것이겠지요. 그러나 저만 그르치는 것이 아니라 남까지도 다 버려놓기 십상이니 조심해야 합니다.

깨달음에 들어가는 문

◉

夫入道多門 以要言之不
出頓悟漸修兩門耳 雖曰
頓悟頓修 是最上根機得
入也 若推過去 已是多生
依悟而修 漸熏而來
至于今生 聞卽開悟
一時頓畢 以實而論
是亦先悟後修之機也 則
而此頓漸兩門
是千聖軌轍也
則從上諸聖 莫不先悟後
修因修乃證
所言神通變化
依悟而修 漸熏所現
非謂悟時 卽發現也
如經云
理卽頓悟 乘悟併消
事非頓除 因次第盡

도에 들어가는 문은 많으나 요약해서 말한다면 돈오(頓悟)와 점수(漸修) 두 문을 벗어나지 않는다. 돈오돈수(頓悟頓修)를 최상근기가 깨달아 들어가는 문이라고는 하나, 과거까지 따져 보면, 이미 여러 생 동안 깨달음에 의해 수행을 해서 점점 몸에 배이게 익혀〔熏習〕 왔기 때문에 금생에 와서 듣자마자 깨달아 단 한 번에 끝낸 것이다. 그러므로 사실대로 논하자면 이것도 먼저 깨달은 뒤에 닦는 근기이다.

이렇게 보건대 돈오와 점수 두 가지 문은 천 성인들이 밟고 지나간 궤적이니, 옛 성인들은 예외 없이 먼저 깨달은 뒤에 닦고 이 닦음으로 해서 증득하신 분들이다.

지금 묻는 신통변화라는 것은 깨달음에 의지해 수행하여 점점 훈습하다가 나타나는 것이지 깨달았다고 해서 즉각적으로 나타나는 것은 아니다.

그러므로 경에서도 "이치〔理〕로는 돈오하는지라 돈오를 타고 녹아 없어지지만 현실적〔事〕으로는 한 번에 제거되는 것이 아니라 차례에 따라서 다 없앤다."고 하였다.

【강의】 도에 들어가는 많은 방편을 돈오(頓悟)와 점수(漸修) 두 가지로 요약할 수 있습니다. 돈오점수는 선원(禪院)에서 많이들 문제삼는 이야기입니다. 돈오점수(頓悟漸修)란 몰록 깨쳐서 점점 닦는다는 말인데, 번쩍하고 견성한 후에 차차 닦아 나아가는 것입니다. 그와 반대로 점수돈오(漸修頓悟)는 점점 오래 닦아 나아가다 보면 나중에 가서 번쩍 깨친다는 말입니다. 하나는 깨닫는 것이 먼저 있고 하나는 닦는 것이 먼저 있습니다. 그 중에 무엇이 옳으니 무엇이 그르니 할 필요가 없는데, 지금 사람들이 아마 구구한 소리를 더러 하는 것 같습니다.

돈오점수 편에서 본다면 길을 찾고 나서 그 길대로 걸어가야 목적지에 도달하지 않겠느냐는 것입니다. 깨치지 못한 사람이 어떻게 닦을 줄 알겠느냐, 마음을 닦으라고 했지만 귀를 씻어야 하는지, 뱃속을 씻어야 하는지, 어디를 씻어야 마음을 닦는 것인지 모르기 때문에 그것부터 알아야 한다는 말입니다.

지금 염불이나 참선을 하고 경을 읽거나 주력을 하는 방식으로 닦는데 어디를 향해 가는지 모른다면 무슨 소용이냐, 그러니 먼저 깨닫는 것이 급선무라는 것이 돈오점수를 주장하는 쪽입니다.

한편 점수돈오 편에서 보면 안 닦은 사람이 별안간 어떻게 번쩍 깰 수가 있느냐는 것입니다. 저자거리에 가면 수많은 사람들이 지나다니지만 그 사람들이 왔다갔다하다가 깼다는 소리를 들은 적 있습니까. 이런 것들을 가지고 시비를 하는데 그럴 문제가 아닙니다.

돈오점수는 산꼭대기에서 깨쳐서 닦아 내려가는 것이고, 점수돈오는 아래서부터 닦아서 산꼭대기에 와서 깨치는 것입니다. 가령 조사스님네 법문 한마디 듣고 번쩍 깨치는 사람이 있습니다. 그 사람이 금생에서는 몰록 깨달은(頓悟) 것이지만, 그 사람의 과거를 소급해 본다면, 전부터 선근종자를 심고 많이 닦아 왔기 때문에 불조의 말씀 한마디가 귀에 들어오는 순간 그것이 자기 마음과 계합이 되어서 깨닫게 된 것입니다. 과거에 그런 선연(善緣)이 없었다면 오다가다 느닷없이 깨칠 수가 없다는 말입니다. 이렇게 보면 결과적으로 다 점수돈오라는 것입니다.

쉽게 말해서, 대중이 이렇게 많이 모여 있는 가운데서 같은 법문을 듣는데, 어떤 사람은 처음 들어도 수십 년 절에 있었다고 하는 스님네보다도 더 잘 알아듣습니다. 어떤 사람은 몇 해를 절에 있고 이렇게 저렇게 닦아 왔다고 하는데, 법문을 하면 도대체 무슨 소리인지 알아들을 수 없어서 그저 잠만 오고 산란심만 일어나고 하는 경우가 있습니다. 그걸로 보면 과거에 닦고 안 닦은 것이 나타나게 된 것이지만, 반면 점점 닦아서 이 세상에 와서 몰록 깨칠 수도 있는 것입니다. 그러니 우리가 모르더라도 날마다 절도 하고 입으로 나무아미타불도 부르는 것입니다. 안개 속을 걸어가다 보면 자기도 모르는 사이에 차차 옷이 젖듯이 말입니다.

그와 같이 돈오점수와 점수돈오 중에 무엇이 옳으니 그르니 할 필요가 없습니다. 두 가지는 서로 어디서부터 말하느냐가 다를 뿐이기 때문입니다.

돈오돈수(頓悟頓修)란 깨칠 때 깨침과 닦음이 한꺼번에 되는 것입니다. 대번에 깨닫고 대번에 닦는 경우는 가장 영리한 근기에 해당하며, 이런 사람은 있기 어려운 최상근기입니다. 그러나 이들도 만약 과거를 따져 본다면, 과거에 다 해놓은 것이 있기 때문에 금생에 들어 그렇게 대번에 깨친 것입니다. 그러니 사실대로 말하자면 이들도 먼저 깨닫고 뒤에 닦는 근기에 포함됩니다. 그러므로 이 돈 · 점 두 문이 일체 성현들이 다 지나간 문이라는 것입니다.

그런데 앞서 물었던 것 중에서 신통변화라고 하는 것은 깨달았을 때 바로 나타나는 것이 아니라, 깨닫고 나서 그 깨달음에 의지해 점차 훈습해 나아가는 과정에서 나타나는 것이라고 답을 해준 것입니다. 그리고는 경의 말씀을 인용하여 근거를 삼습니다. 이치로는 깨쳤지만 실제로는 그렇게 안 된다는 말입니다. 이를테면 내 몸뚱이가 공한 것을 이치로는 깨달은 이가 있다고 칩시다. 그렇다면 누가 내 몸뚱이를 좀 달라 했을 때 "옛다, 가져 가거라." 하며, 목도 떼어주고 팔도 떼어주고 해야 하는데 그러지는 못합니다. 육신이 공한 줄을 알았는데도 말입니다.

옛날에 사자 존자(獅子尊者)라는 이가 있었는데 오온(五蘊)이 공한 줄 깨달은 분이었습니다. 계빈국(罽賓國) 왕이 소문을 듣고, 오온이 공한 줄 알았다면 목을 좀 내게 빌려주겠는가 하자, 사자존자는 주저없이 목을 내주겠다고 하였습니다. 그리하여 칼로 목을 탁 치니 스님의 목에서 우윳빛 피가 세 치나 솟아오르고 왕의 팔이 저절로 떨어졌다는 이야기가 역사에 지금까지 내려오고 있습니다.

그런 스님네는 이(理)와 사(事)가 다르지 않기 때문에, 공한 줄 알았는데 못 줄 것 뭐 있느냐 하신 것입니다. 그런데 깨치기는 했지만 현실적으로 사자존자와 같이 할 사람은 쉽지 않습니다.

마치 죽순이 대는 대이지만 죽순만 가지고는 바구니도 짤 수 없고 아무것도 만들 수가 없는 것처럼 말입니다. 그러니 이치를 깨달았다고 해서 그 순간 번뇌나 업장이 한번에 녹아 없어지는 것이 아니라, 깨달음을 의지해 닦아 나아가는 데서 차례로 없어진다는 것입니다.

◉ 故圭峯深明 先悟後修之
義曰
識氷池而全水 借陽氣以
鎔消 悟凡夫而卽佛 資法
力以熏修 氷消則水流潤
方呈溉滌之功 妄盡則心
靈通 應現通光之用
是知事上神通變化 非一
日之能成 乃漸熏而發現
也
況事上神通 於達人分上
猶爲妖怪之事 亦是聖末
邊事 雖或現之不可要用
今時迷癡輩 妄謂一念悟
時 卽隨現無量妙用神通
變化 若作是解 所謂不知
先後 亦不分本末也
旣不知先後本末 欲求佛
道 如將方木逗圓孔也 豈
非大錯
旣不知方便故 作懸崖之
想 自生退屈 斷佛種性者
不爲不多矣 旣自未明 亦
未信他人 有解悟處 見無
神通者 乃生輕慢
欺賢誑聖 良可悲哉

그러므로 규봉(圭峯)이 '먼저 깨달은 뒤에 닦는' 이치를 다음과 같이 깊이 있게 설명했다.

"언 연못이 전부가 물인 줄은 알지만 태양의 기운을 빌려야 녹일 수 있듯이, 범부가 바로 부처인 줄은 깨달았으나 법력을 의지해야 닦아 익힐 수 있다. 얼음이 녹으면 물이 흘러서 논에 물을 대거나 무엇을 씻는 작용이 드러나듯이, 허망이 다하면 마음이 신령하게 통해서 신통광명의 작용을 나타낼 수 있다."

그러므로 현실적(事)인 신통변화는 하루 만에 이루어지는 것이 아니라 점차 닦아 익히는 데서 발현되는 것임을 알 수 있다. 하물며 현실적인 신통은 깨달은 사람의 입장에서는 오히려 요망하고 괴상한 짓이며, 성인에게는 말단적인 일이라, 혹 나타나는 일이 있더라도 쓰지 않는다.

그러나 요즘 어리석은 무리들은 '한 생각 깨닫는 순간 무량하고 오묘한 작용과 신통변화를 바로 나타낸다'고 여기니, 이렇게 이해하는 이를 두고 '앞뒤를 알지 못하고 본말을 분간하지 못한다'고 한 것이다.

이미 선후와 본말을 알지 못하고서 불도를 구한다면 네모난 나무토막을 둥근 구멍에 맞추려는 격이니 어찌 큰 잘못이 아니겠는가.

이미 방편을 알지 못하기 때문에, 도가 저 멀리 닿을 수 없는 데 있다는 생각을 하여 물러설 마음을 먹고 부처의 종성을 끊는 자가 적지 않다. 자기도 깨닫지 못했을 뿐만 아니라 남도 믿지 못하여, 알고 깨달은 곳이 있는데도 신통을 보이지 않는 자에 대해서는 경시하며 아만을 낸다.

이렇게 성현들을 속이고 있으니 진실로 슬픈 일이 아닌가.

【강의】 규봉 스님이 비유를 잘 들어 놓았습니다. 얼음 따로, 물 따로 있는 것이 아니라, 얼음이 녹으면 물이 되어 그것으로 여기저기 씁니다. 그런데 그냥 단박에 녹는 것이 아니라 해가 떠서 따뜻한 기운을 쏘여야 녹는단 말입니다. 마찬가지로 범부가 곧 부처인 줄을 깨닫기는 했지만, 그 깨친 이치로 법력을 빌려 훈습을 해서 닦아야 합니다. 닦아서 시끌시끌하는 모든 번뇌망상이 다 없어지면 한 물건만이 신령스럽게 통합니다.

우리는 원래 부처이고 그 자리는 본디 깨끗하지만, 망상이 가려서 희미해진 상태입니다. 달은 원래 밝은 것이지만, 구름이 덮여서 컴컴하듯이 말입니다. 그런데 구름이 걷혀 달이 환히 드러나듯, 망상이 다하면 마음이 신령되이 통해서 그 광명을 모두 나타내어 쓸 수 있으니 그것이 신통입니다.

이치로는 우리도 얼마든지 신통을 나타냅니다. 날마다 밥 먹고 옷 입고 누워 자고 하는 것이 모두 신통입니다. 그러나 사실로 신통을 나타내는 일은 하루에 되는 것이 아니라 점점 훈습해서 마음 자리의 당체가 환히 드러나야 되는 것입니다.

하물며 사상(事上)의 신통이라는 것은, 이치를 깨달아 통달한 사람에게는 오히려 요괴스런 일이고, 성현의 분상에서는 그까짓 신통변화쯤은 장한 일도 아닙니다. 그러므로 조사스님네나 도인들이 무슨 신통을 나투어서 중생을 제도하거나 하는 일은 없습니다. 비록 어쩌다 그런 일이 나타난다 하더라도 요긴하게 쓰지 않습니다.

요즘 미혹하고 어리석은 무리들은 한 생각 깨달은 때에 바로 무량한 묘용과 신통변화를 부리는 줄로 아니, 만약 이런 알음알이를 가졌다면 이른바 선후본말을 알지 못하는 사람이라는 것입니다. 이미 선후본말을 알지 못하고 불도를 구하고자 한다면 아무리 애를 써도 될 리가 없습니다. 모난 나무를 동그란 구멍에 맞추면 들어가겠습니까? 애초부터 틀린 짓이지요.

이렇게 방편을 알지 못하기 때문에 현애(懸崖)의 상을 짓는다 했는데, 현애상이란 저 천길 절벽에 매달려 있는 것처럼 자기와는 너무 멀리 있어서 감히 가겠다는 생각조차 못 내는 것이지요. 그래서 '내가 어찌 견성해서 부처가 될 수 있겠는가' 하고 스스로 퇴굴심을 내서 부처의 성품을 끊는 자가 많습니다.

자기도 밝히지 못했을 뿐만 아니라 다른 사람이 깨쳤다고 하면 그것도 믿지 못합니다. 자기가 모르니 남 아는 것을 어찌 믿겠습니까. 당연한 결과지요. 그리고는 신통이 없는 자를 보면 신통도 못 나투는데 무슨 도를 알겠는가 하고 업신여깁니다. 그래서 어진 이를 속이고 성인을 속이니 진실로 슬프다고 한 것입니다.

잠깐이라도 하루를 헛되이 보내지 말라.
하룻밤을 무익하게 지내고 나면 그만큼
그대의 목숨은 줄어드나니.
걷고 있든 서 있든 침상에 누워 있든
최후의 날은 다가온다.
그대 지금 게으름 피울 때가 아니다.

테라가타

◉

問 汝言頓悟漸修兩門 千聖軌轍也 悟旣頓悟 何假漸修 修若漸修 何言頓悟 頓漸二義 更爲宣說 令絶餘疑

答 頓悟者 凡夫迷時 四大爲身 妄想爲心 不知自性是眞法身 不知自己靈知是眞佛 心外覓佛 波波浪走 忽被善知識 指示入路 一念迴光 見自本性 而此性地 元無煩惱 無漏智性 本自具足 卽與諸佛 分毫不殊 故云頓悟也

漸修者 雖悟本性與佛無殊 無始習氣 難卒頓除故 依悟而修 漸熏功成 長養聖胎 久久成聖 故云漸修也

比如孩子初生之日 諸根具足 與他無異 然其力未充 頗經歲月 方始成人

물었다.

"그대가 돈오와 점수 두 문이 천 성인의 궤적이라 했는데, 깨달을 때 이미 단박에 깨닫는다면 어째서 점수에 의지할 필요가 있으며, 닦을 때는 점점 닦는다면 어째서 단박에 깨닫는다고 합니까? 돈오와 점수 두 이치를 다시 자세히 설명하여 남은 의심을 끊어주십시오."

답하였다.

"돈오라고 하는 이유는, 범부가 미혹할 때는 사대(四大)를 몸이라 여기고 망상(妄想)을 마음이라 여겨, 자기 성품이 진짜 법신(法身)인 줄을 모르고 자기의 신령한 앎(靈知)이 진짜 부처인 줄을 모른 채 밖으로 부처를 찾느라 파도에 떠밀려 다니듯 하다가, 갑자기 선지식(善知識)이 들어가는 길을 가르쳐주면 한 생각 돌려서 자기 본성을 보게 되는데, 이 성품 자리에는 원래 번뇌가 없고 무루(無漏)의 지혜 성품이 본래 구족해 있어서 부처와 털끝만큼도 다르지 않음을 보기 때문에 이것을 '돈오'라고 한다.

점수라고 하는 이유는, 본성이 부처와 다름없음을 깨닫기는 했으나 비롯 없는 때로부터 쌓아온 습기(習氣)는 갑자기 한번에 없애기 어려우므로 깨달음에 의지해서 수행하여 점점 공(功)이 성취되고 성인(聖人)의 태(胎)를 길러서 오래 지나야 성인이 되기 때문에 이것을 '점수'라 한다.

마치 갓난아기가 처음 태어났을 때부터 모든 근(根)이 갖추어 있어서 남다를 바 없으나 힘이 충분하지 못하다가 많은 세월을 지내고 나서야 비로소 어른이 되는 것과 같다."

【강의】 돈점의 뜻이 앞뒤가 맞지 않는 것 같으니 다시 설명을 해달라고 해서 보다 분명하게 설명하는 대목입니다. 몰록 깨친다고 할 때의 이 돈(頓) 자는, 한번에 그것도 완벽하게 깨닫는다는 뜻입니다. 단박에 완벽하게 깨쳤는데, 다시 점점 닦는 일이 어째서 필요하냐 하고 묻는 것입니다.

그러면 먼저 돈오란 어떤 것인가. 범부들이 미혹했을 때는 사대(四大)를 자기 몸뚱이로 알고, 늘 이 생각 저 생각 일어났다 꺼지는 망상심을 가지고 진짜 자기 마음이라고 생각합니다. 자기 성품이 참 법신인 줄은 모르고 말입니다. 그러면 이제 매우 분주해집니다. 마음 밖에서 부처를 찾아야 할 테니까요. 그래서 밤낮 분주하게 돌아다닙니다.

공부한다는 사람들이 거의가 그렇습니다. 그러다가 다행히 선지식을 만나서 그가 한마디 찔러주면, 단박에 어디로 가야 할지가 확연해집니다. 그 순간 한 생각 돌이켜서 자기 본성을 봅니다. 자기 성품을 보았더니, 이 성품 자리는 원래 번뇌가 없으며 무루지혜의 성품이 본래 구족한 것이 부처와 다를 바가 없습니다. 한 생각에 이것을 알아차리므로 돈오라 하는 것입니다.

다음으로 점수라는, 비록 내 성품이나 부처 성품이나 똑같은 줄은 깨달았지만, 아주 오래도록 배어온 습기(習氣)는 졸지에 없애기 어렵기 때문에 점점 닦아 없애는 일이 필요하다는 것입니다. 우리들 일상생활에서도 잘못인 줄은 알지만 버릇을 고치기가 쉽지 않습니다. 그러니 도 깨닫기가 어려운 것이 아니라 자기 버릇 고치기가 어렵다는 사실을 공부하는 사람은 알아둬야 하겠습니다.

선지식이라고 해서 찾아가 봤더니 화는 남보다 더 잘 내고 돈은 남보다 더 잘 챙기더라는 소리들을 합니다. 사실 그런 일이 없지는 않을 것입니다만, 그렇다고 해서 그가 선지식이 아닌 것은 아닙니다.

도를 알았다면 화를 내더라도 선지식은 선지식입니다. 그러나 그런 이는 아직 습기를 여의지 못한 것입니다. 여러 생을 두고 익힌 버릇이 어떻게 하루아침에 없어지겠습니까. 날마다 술을 먹는 사람에게 하루 만에 술 끊으라고 하면 도저히 어려운 일이듯이 말입니다. 더군다나 이 몸뚱이를 가지고 십 년, 이십 년, 삼십 년, 팔십 년 동안 정을 들이고 잘 먹이려 하고 잘 입히려 했는데, 어떻게 하루아침에 버릇을 고쳐서 말을 듣게 할 수가 있겠습니까. 큰 용맹심을 가진 사람 외에는 어려운 일이지요.

그러므로 아직 습기를 못 고쳤다 해서 선지식이 아니라고 하지 말고, 그 사람이 도를 알았다면 도를 물으면 될 일이지 행은 또 다른 문제입니다. 물론 아주 훌륭한 사람 같으면 아는 것과 행하는 것이 똑같겠지만 그런 사람은 몇 안 됩니다. 그러니 단점만 보고 돌아설 것이 아니라 배우는 것이 좋습니다.

그 사람은 습기를 한번에 제하지는 못했지만 갈 길을 알고 있으니, 거기를 향해 점점 닦아서 허물은 없애고 성인의 씨앗을 두고두고 잘 길러내어 결국에는 성현이 될 분입니다. 깨치지 않은 사람은 닦을 줄도 모릅니다. 깨친 뒤에야 비로소 진정한 수행이 시작되지요. 그러므로 석가도 정진을 게을리하지 않는다는 말이 있습니다.

깨친 후에 점수가 필요하다는 이야기를 아이가 어른이 되는 비유를 들어 설명합니다. 갓난아이라 해서 안 · 이 · 비 · 설 · 신 · 의가 없는 것은 아니지요. 어른들처럼 있을 것은 다 있는데, 아직 힘이 차지 못했습니다. 차차 한 해, 두 해, 삼 년, 십 년, 이십 년 세월이 지나도록 먹고 뛰고 하면서 힘이 자라나야 바야흐로 사람 구실을 합니다.

마찬가지로 돈오만 가지고는 아직 힘이 차지 않았으므로 점수를 빌려 공을 채워야 한다는 말입니다.

어떤 방편을 써야 하는가

◉

問
作何方便 一念廻機
便悟自性

答
只汝自心 更作什麽方便
若作方便 更求解會 比如
有人不見自眼 以謂無眼
更欲求見 旣是自眼 如何
更見 若知不失 卽爲見眼
更無求見之心 豈有不見
之想
自己靈知 亦復如是
旣是自心 何更求會
若欲求會 便會不得
但知不會 是卽見性

물었다.

"어떤 방편을 써야 한 생각에 기틀을 돌려 자기 성품을 깨닫겠습니까?"

답하였다.

"그대 자신의 마음일 뿐인데 무슨 방편을 다시 쓴단 말인가? 방편을 써서 알려고 한다면, 자기 눈이 보이지 않는다고 자기 눈이 없는 줄 알고서 다시 눈을 보려는 자와 같다. 이미 자기 눈인데 어떻게 다시 보겠는가? 잃지 않았음을 안다면 그것이 눈을 본 것이라, 다시 보겠다는 마음이 없으니 어찌 보이지 않는다는 생각이 있겠는가.

자기의 신령한 앎도 마찬가지여서 이미 자기 마음인데 어찌 다시 알고자 하는가? 알고자 한다면 알지 못할 것이니, 알지 못한다는 사실을 알기만 하면 그것이 견성이다."

【강의】 무슨 방편을 써야 한 생각에 자성을 깨치겠느냐고 물었습니다. 깨친다는 것은 다른 학문과는 달리, 오늘 조금 배워서 알고 내일 조금 배워서 아는 것이 아니라, 이제까지 아주 칠통(漆桶)으로 있던 사람이 심봉사 눈 뜨듯이 뜻밖에 눈을 번쩍 뜨는 것입니다. 여기 "한 생각 기틀을 돌린다(一念廻機)." 한 것이 바로 이 말입니다.

생각만 한번 돌이키면 그때부터 바로 딴 세계가 벌어지지요. 그렇다고 해서 하늘이 땅이 되고 땅이 하늘 되는 것은 아닙니다. 어제나 오늘이나 똑같지만, 그래도 아까 보던 그 산과 다르고, 아까 보던 그 물과는 다르다는 것입니다. 눈을 뜨고 보니 그렇다는 말인데, 그래서 깨닫고 나서는 법열에 의해 오도송도 짓습니다.

여러분도 얼른 눈을 떠서 그런 세계를 한번 실지로 보도록 공부를 하십시오. 무슨 방편을 써야 한 생각 돌이켜 견성을 하겠느냐는 질문에 대해 자기 마음인데 무슨 방편을 또 짓느냐고 대답했습니다. 비록 자기 눈을 자기가 볼 수는 없어도 없어지지 않은 줄 알면 그만이라서, 신령하게 무엇인가를 아는 자기 영지(靈知)도 이미 제 마음이니 다시 찾을 것 없다는 대답입니다.

만약 다시 알고자 하여 찾아 나선다면 결코 얻지 못할 것은 필연적인 이치입니다. 자기가 자기를 찾는다니 될 일이 아니지 않습니까. 안 되는 줄 알면 그때는 견성한 것이겠지요.

경허(鏡虛) 스님 심우송(尋牛頌)에도 그런 말이 있습니다.

本自不失　何用更尋

秪這尋底　毘盧之師

본래 잃지 않았는데

다시 무엇을 구하랴

찾아 다니는 이것이

비로자나의 스승이니라

소를 자기가 가지고 있으면서 잃은 적이 없는데 무엇을 또 찾느냐는 말입니다. 제 눈을 자기가 보려는 것과 마찬가지로. 소가 어디에 있지 하면서 찾는 이놈이 바로 비로자나 부처님의 스승이라는 말입니다.

가령 '이 뭣고' 화두를 드는 사람이라면, 지금 모르니까 이 뭣고 하고 찾습니다. 그런데 제 마음 찾는다면서 '이 뭣고' 하는 놈 말고 무엇을 찾겠습니까? 그것이 바로 부처인데.

◉

問

上上之人 聞卽易會 中下之人 不無疑惑 更說方便 令迷者趣入

答

道不屬知不知 汝除却將迷待悟之心 聽我言說 諸法如夢 亦如幻化 故妄念本寂 塵境本空 諸法皆空之處 虛知不昧 卽此空寂靈知之心 是汝本來面目

亦是三世諸佛 歷代祖師 天下善知識 密密相傳底法印也 若悟此心 眞所謂不踐階梯 徑登佛地 步步超三界 歸家頓絶疑 便與人天爲師 悲智相資 具足二利 堪受人天供養 日消萬兩黃金 汝若如是 眞大丈夫 一生能事已畢矣

물었다.

"근기가 가장 높은 사람은 듣는 즉시 쉽게 알겠지만, 중하의 근기는 의혹이 없지 않을 터이니 다시 방편을 설하여 미혹한 자들에게 방향을 찾아 들어가게 하소서."

답하였다.

"도는 알고 모르는 데 속하지 않으니, '그대는 지금은 미혹하지만 앞으로 깨달음을 기대한다'는 마음을 버리고 나의 말을 들으라. 모든 법은 꿈 같고 허깨비 같다. 그러므로 망념이란 본래 공적하고 티끌 경계는 본래 공하다. 모든 법이 공한 그곳에 신령한 앎이 어둡지〔昧〕 않으니 공적영지(空寂靈知)라는 이 마음이 바로 그대의 본래면목이며, 삼세 제불과 역대 조사와 천하 선지식이 비밀히 전하는[1] 법인(法印)이다.

이 마음을 깨달으면 진실로 단계를 밟지 않고 지름길로 부처의 지위에 올라서 걸음걸음 삼계를 뛰어넘고 집에 돌아가 의심을 단번에 끊는다. 그리하여 인간과 하늘의 스승이 되니, 자비와 지혜가 서로를 도와 자리(自利)와 이타(利他)를 갖추고 인간과 하늘에게 공양을 받되 하루에 만 냥의 황금을 소비할 만하다.

이렇게만 된다면 그대는 진짜 대장부로서 일생에 할 일을 다 했다고 하리라."

1 원문에는 轉이나 다른 본을 참고하여 傳으로 번역함.

【강의】 썩 영리한 사람은 들으면 쉽게 알겠지만, 보통 사람들은 '이 뭣고 하는 그 놈이 바로 그것'이라고 아무리 말해줘도 시원치 않아서 의심을 낸다는 말입니다. 이런 사람들을 위해서 다시 좀 말해서 깨달아 듣게 해달라 하였습니다.

이에 대해, 도라는 것은 아는 데 있는 것도 아니고 알지 못하는 데 있는 것도 아니니 알려고 애쓸 것 없다고 하였습니다. 그러기 때문에 조주(趙州) 스님이 남전(南泉) 스님한테 가서 "어떤 것이 도입니까〔如何是道〕?" 하고 물으니 "평상심이 도니라〔平常心是道〕." 하였습니다.

도라는 것이 별것이 아니라 항용구족 쓰는 마음, 조작이 없는 마음입니다. 가령 배고프면 밥 먹고 목마르면 물 마시고 곤하면 누워 자는 것이 즉 도라는 것입니다.

그러자 평상심이 도인 줄 알고 "평상심으로 향해 나아가야 하리까〔還假趣向否〕?" 이렇게 물으니 "아니다. 이렇게 저렇게 해 나가려 하면 어긋난다." 하였습니다. 그러자 조주가 "아무것도 해나가지 않는다면 그것이 도인지 아닌지를 어떻게 알겠습니까?" 하니 남전이 "도는 알고 모르는 데 속하지 않는다."고 대답했습니다.

모든 법이 다 공적(空寂)하다면 우리 몸뚱이뿐 아니라 마음도 다 공할 것입니다. 마음이라고 하지만 그것이 어디에 있습니까. 경계를 대하면 생겨나고 경계를 대하지 않으면 일어나지 않는 것이 마음입니다. 망상도 본래 고요하고 망상에 의해 눈앞에 보이는 경계도 본래는 공합니다.

이렇게 공하다면 아무것도 없어야 할 테지만 뭔가 신령스럽게 알아보면서 어둡지 않은 것(靈知不昧)이 있습니다. 아무리 찾아봐도 찾을 수가 없고 모양도 없고 소리도 안 나고 냄새도 안 나지만, 그래도 이것이 소소영영(昭昭靈靈)하게 별짓을 다 하는 것을 보면 대체 뭐 하나가 있으니, 그것이 본래의 네 얼굴이라는 말입니다.

뿐만 아니라 과거 · 현재 · 미래의 모든 부처들과 역대 조사와 천하 선지식들이 다른 것을 전한 것이 아니라 바로 이것을 은밀히 전해 왔습니다.

만약 이 마음만 깨달으면 '계단을 밟지 않고 불지(佛地)에 오른다' 했습니다. 사다리를 타고 한 층계 한 층계 올라가는 것이 아니라 대번에 부처의 땅에 올라가서 앉게 되니, 이 공부가 학교 공부와는 다릅니다.

걸음걸음이 삼계를 초월한다는 것은 삼계의 번뇌에 더 이상 묶이지 않는다는 말입니다. 집에 돌아가서 의심을 끊는다고 했는데, 집이란 고향이며 자기 본심을 말합니다.

이렇게 되면 하늘이나 인간의 스승이 될 만합니다.

자비는 지혜를 더해 주고, 지혜는 자비를 더해 주므로 나와 남을 동시에 이롭게 합니다. 그래서 인천의 공양을 받으며 날로 황금 만 냥을 쓸 만하니, 만약 이와 같이 견성한다면 참으로 대장부라 하였습니다.

장부라고 하니까 남자라는 소리로 알아들을 수도 있겠는데, 여기서는 남자 여자 할 것 없이 그렇게 된 사람이 참으로 대장부라는 말이지요. 집에 돌아가서 편안히 앉았으면 제 할 일 다 한 것이지 무슨 일이 남았겠습니까. 그러므로 일생의 일을 다 마쳤다고 한 것입니다.

무엇인가에 기대어 있는 자는 흔들림이 있다. 아무것에도 기대어 있지 않은 자에게 흔들림은 없다. 흔들림이 없으면 고요히 쉬게 된다. 고요해 쉬게 되면 쾌락을 누리지 않는다. 쾌락을 누리지 않으면 오는 일도, 가는 일도 없다. 오는 일과 가는 일이 없으면 이 세상에 있지도 않고 저 세상에 있지도 않으며 그 사이에 있지도 않게 된다. 이것이 다름 아닌 괴로움의 끝이다.

우다나

지금 묻고 있는 그것

◉

問

據吾分上 何者是空寂靈

知之心耶

答

汝今問我者 是汝空寂靈

知之心 何不返照 猶爲外

覓 我今據汝分上 直指本

心 令汝便悟 汝須淨心

聽我言說

從朝至暮 十二時中 或聞

或見 或笑或語 或瞋或喜

或是或非 種種施爲運轉

且道 畢竟是誰能伊麼運

轉施爲耶

물었다.

"저 자신에 있어서는 무엇이 공적영지(空寂靈知)의 마음입니까?"

답하였다.

"그대가 지금 내게 묻고 있는 그것이 공적영지의 마음인데, 어째서 돌이켜보지는 않고 아직도 바깥에서 찾는가? 내가 이제 그대 자신에 있어서 본심을 직접 가리켜 그대를 깨우쳐주리니 마음을 깨끗하게 하고 나의 말을 들어야 한다.

아침부터 저녁까지 하루 온종일 보고 듣고 웃고 말하고 성내고 기뻐하고 옳다 그르다 하며 갖가지로 움직이는데, 말해 보라, 결국 누가 그렇게 움직이게 하는가?"

【강의】 앞에서 우리 마음이 비고 고요하되 신령하게 아는 작용이 있다고 했는데, 그렇다면 지금 나의 처지나 상황〔分上〕에서는 무엇을 집어서 공적영지라 하겠느냐는 물음입니다.

이에 대해, 딴 데서 찾지 말고 지금 묻고 있는 그것을 반조해 보라고 하였습니다. 네게 있는데 무엇 때문에 자꾸 밖으로 찾느냐는 말입니다.

이제 단도직입적으로 네 본심을 가리켜 보여서 깨치게 할 터이니 마음을 깨끗이 하고 내 말을 들으라 했는데, 어떻게 하면 마음이 깨끗해집니까? 아무 생각도 일으키지 않으면 마음이 깨끗합니다. 아는 것 때문에 속이 시끄러우므로 내 속에 알던 것도 다 버려야 하니, 이 불법은 알려고 하는 공부가 아니기 때문입니다.

알기는 쉬워도 모르기가 참으로 어렵습니다. 눈으로 봐서 알고 귀로 들어서 알고 혀로 맛봐서 알고 생각해서 알고, 이래서 마음이 시끄러워 병이 됩니다.

아침부터 해가 지도록 별별 행위를 다 일으키는데 필경 누가 이렇게 하는 것이겠습니까? 하루 종일 지내면서 누가 웃고 누가 성내는지, 누가 옳다 그르다 하는지, 누가 말하고 듣는지, 정체를 제시해 보라는 말입니다.

어진 사람들은 공덕을 낳는 행위에 대해 마음을 기울여 부지런히 노력하는 것을 칭찬해 마지않는다. 어진 사람들은 마음을 기울여 부지런히 노력하여 두 가지 이득을 얻는다. 현재의 이익과 미래의 이익을 올바로 이해하여 마음에 흔들림이 없는 사람이 어진 사람이라 불린다.

이티붓타카

故云

神通幷妙用 運水及般柴

◉

若言色身運轉 何故有人

一念命終 都未壞爛 卽眼

不自見 耳不能聞 鼻不辨

香 舌不談論 身不動搖

手不執捉 足不運奔耶

是知能見聞動作 必是汝

本心 不是汝色身也 況此

色身 四大性空 如鏡中像

亦如水月 豈能了了常知

明明不昧 感而遂通 恒沙

妙用也

움직이게 하는 것이 색신(色身)이라고 한다면, 방금 목숨이 끊어져서 아직 썩지 않은 사람이 눈으로는 보지 못하고 귀로는 듣지 못하고 코로는 냄새를 가려내지 못하고 혀로는 말하지 못하고 몸으로는 까딱하지 못하고 손으로는 잡지 못하고 발로는 다니지 못하는 까닭이 무엇인가?

그러므로 보고 듣고 동작을 할 수 있는 능력은 필시 그대의 본심에 있지 그대의 색신에 있는 것이 아님을 알 수 있다. 하물며 이 색신을 이루고 있는 사대(四大)는 성품이 공한 것이어서 거울 속의 영상이나 물 속의 달과 같은데, 그것이 어떻게 항상 확실히 알고 분명하여 어둡지 않으며 느끼는 대로 통하며 항하의 모래알 같은 묘한 작용을 해낼 수 있단 말인가? 그러므로 "신통과 묘용이 물 긷고 땔감 나르는 것"이라고 한다.

【강의】 만약 색신이 보고 듣고 하는 것이라면, 방금 죽어서 아직 썩지 않은 시체도 색신이 있으니 그것으로 보고 듣고 해야 할 것 아니겠습니까? 그렇지만 죽자마자 모든 작용이 끊어져서 꼼짝도 못하니 색신은 작용하는 주체가 될 수 없습니다. 그러므로 일상생활에서 왔다갔다하는 이놈의 정체는 색신이 아니라 본심이라는 말씀입니다.

사람들은 대상에 허둥대며 휘말리지만 그 본질에는 이르지 못한다. 차츰 새로운 속박을 가중시킬 뿐. 등불에 떨어지는 나방처럼 보는 것과 듣는 것에 덤벼드는 방법으로 사람들은 대상에 집착한다.

우다나

◉

且入理多端 指汝一門令
汝還源
汝還聞鴉鳴鵲噪之聲麽
曰聞
曰汝返聞汝聞性 還有許
多聲麽
曰到這裏 一切聲一切分
別 俱不可得
曰奇哉奇哉 此是觀音入
理之門 我更問爾 爾道
到這裏 一切聲一切分別
摠不可得 旣不可得 當伊
麽時 莫是虛空麽
曰元來不空 明明不昧 曰
作麽生是不空之體 曰亦
無相貌 言之不可及

이치에 들어가는 길에는 여러 갈래가 있으나 그대에게 한 가지 문(門)만을 지적해서 근원으로 돌아가게 하겠다.

"그대는 까마귀와 까치가 우짖는 소리를 듣는가?"

"듣습니다."

"그대는 그대의 듣는 성품을 돌이켜서 들어 보아라. 거기에도 많은 소리가 있느냐?"

"여기에 와서는 모든 소리와 모든 분별을 찾을 수 없습니다."

"매우 기특하구나. 이것이 바로 관음보살(觀音菩薩)이 진리에 들어간 방편이다. 내가 다시 묻겠으니, 그대는 말하라. 거기에 이르러서는 이미 모든 소리와 모든 분별을 찾을 수 없다면, 그럴 때 허공이 된 것이 아니더냐?"

"그 자리는 원래 공하지 않아서 명명백백하며 어둡지 않습니다."

"그렇다면 어떤 것이 그 공하지 않은 체(體)인가?"

"모양조차 없으므로 말로는 설명할 수 없습니다."

【강의】 앞에서 색신이 아니라 본심이 주체라고 했는데, 어떻게 본심으로 들어가는가가 문제입니다.

이제 많은 방편 중에서 한 가지 길을 가르쳐 줄 테니 그것을 알아 본심을 찾으라는 것이지요. 그리고는 관음보살이 깨달았던 방편을 소개합니다.

이것은 『능엄경(楞嚴經)』에 자세히 나와 있는 법문입니다.

귀가 열려 있는 한, 우리는 항상 무슨 소리든지 듣습니다. 종소리든 북소리든 이런 소리를 들을 때, 듣는 그것이 무엇인지를 반추해 보라는 것입니다. 말하자면 바깥 경계인 소리 쪽을 관찰하는 것이 아니라 안의 성품을 살피는(內省) 방법을 쓰는 것이지요. 듣는 그 성품에도 소리가 있더냐고 물으니 그 자리는 모든 경계와 분별이 없다고 대답했습니다.

이렇게 아무것도 없다면 그것을 허공으로 착각할까 싶어서, 다시 그 자리가 허공 같더냐고 물었습니다. 그러자 원래 비어 있지 않아서 어둡지 않다고 하니, 비지 않았다고 한다면 그 체를 한번 내놓아 보라고 했습니다.

그러나 그것을 내놓으려고 해도 아무 형상이 없고 모양도 없는지라 어떻다고 말할 수가 없다는 것입니다.

무엇인가에 기대어 있는 자는 흔들림이 있다. 아무것에도 기대어 있지 않은 자에게 흔들림은 없다. 흔들림이 없으면 고요히 쉬게 된다. 고요해 쉬게 되면 쾌락을 누리지 않는다. 쾌락을 누리지 않으면 오는 일도, 가는 일도 없다. 오는 일과 가는 일이 없으면 이 세상에 있지도 않고 저 세상에 있지도 않으며 그 사이에 있지도 않게 된다. 이것이 다름 아닌 괴로움의 끝이다.

우다나

◉

曰此是諸佛諸祖壽命 更莫疑也 旣無相貌 還有大小麽 旣無大小 還有邊際麽 無邊際故無內外 無內外故無遠近 無遠近故無彼此 無彼此則無往來 無往來則無生死 無生死則無古今 無古今則無迷悟 無迷悟則無凡聖 無凡聖則無染淨 無染淨則無是非 無是非則一切名言 俱不可得

旣摠無如是一切根境 一切妄念 乃至種種相貌 種種名言 俱不可得 此豈非本來空寂本來無物也 然諸法皆空之處 靈知不昧 不同無情 性自神解 此是汝空寂靈知清淨心體

而此清淨空寂之心 是三世諸佛 勝淨明心 亦是衆生本源覺性 悟此而守之者 坐一如而不動解脫 迷此而背之者 往六趣而長劫輪廻

故云迷一心而往六趣者 去也動也 悟法界而復一心者 來也靜也 雖迷悟之有殊 乃本源則一也 所以云所言法者 謂衆生心 而此空寂之心 在聖而不增 在凡而不滅 故在聖智而不耀 隱凡心而不昧 旣

不增於聖 不少於凡 佛祖
奚以異於人 而所以異於
人者 能自護心念耳
汝若信得及疑情頓息 出
丈夫之志 發眞正見解 親
嘗其味 自到自肯之地 則
是爲修心之人 解悟處也
更無階級次第 故云頓也
如云於信因中 契諸佛果
德 分毫不殊 方成信也

이것이 모든 부처와 조사들의 수명이니 다시는 의심치 마라. 이미 아무 모양도 없다면 크고 작음이 있겠는가? 이미 크고 작음이 없다면 테두리가 있는가?

테두리가 없기 때문에 안팎이 없고, 안팎이 없으므로 멀고 가까움이 없고, 멀고 가까움이 없으므로 이것과 저것이 없다. 이것과 저것이 없다면 가고 옴이 없고, 가고 옴이 없다면 나고 죽음이 없고, 나고 죽음이 없다면 옛날과 지금이 없다. 옛날과 지금이 없다면 미혹과 깨달음이 없고, 미혹과 깨달음이 없다면 범부와 성인이 없고, 범부와 성인이 없다면 더러움과 깨끗함이 없고, 더러움과 깨끗함이 없다면 옳고 그름이 없고, 옳고 그름이 없다면 모든 명칭과 언어를 얻을 수 없다.

이런 것이 전혀 없다면 모든 근경(根境)과 모든 망념, 나아가 갖가지 모양이나 갖가지 명언(名言)도 성립할 수가 없다. 그러니 이것이 어찌 본래 공적(空寂)한 것이 아니겠으며, 본래 아무것도 없는 것이 아니겠는가. 그러나 모든 법이 공한 그곳에 신령한 앎은 어둡지 않다. 무정(無情)과는 달라서 성품 스스로가 신령하게 이해하니, 이것이 그대의 공적영지이며 그대의 청정한 심체(心體)이다.

청정하고 공적한 이 마음이 바로 삼세 모든 부처의 훌륭하고 청정하고 밝은 마음인 동시에 중생의 본원각성이기도 하니, 이 마음을 깨달아 지키는 자는 일여(一如)한 경지에 앉아서 해탈에서 요동하지 않고, 이 마음을 미혹하여 등진 자는 육취(六趣)에 왕래하면서 오랜 겁 동안 윤회한다.

그러므로 "일심을 미혹해서 육취에 왕래하는 것은 가는 것이며 움직이는 것인 반면, 법계를 깨달아 일심을 회복하는 것은 오는 것이며 고요한 것이다." 하였으니, 미혹이냐 깨달음이냐에는 차이가 있지만 본원은 하나이다. 그러므로 "법이란 중생심"이라고 하였다.

그리고 이 공적한 마음은 성인에 있다고 해서 늘지도 않고 범부에 있다고 해서 줄지도 않는다. 그러므로 "성인의 지혜에 있어도 빛나지 않고 범부의 마음에 숨어 있어도 어둡지 않다."고 하였다. 성인에게 있든 범부에게 있든 늘거나 줄지 않는다면, 부처나 조사라 해서 무엇이 다른 사람들과 다르랴. 사람들과 다른 이유는, 다만 스스로 심념(心念)을 보호하기 때문이다.

그대가 이 사실을 믿어 들어간다면 의심이 당장 그칠 것이니, 장부의 뜻을 내고 참된 견해를 일으켜 그 맛을 직접 보아 스스로가 수긍하는 곳에 도달하게 된다. 이것이 마음 닦는 사람이 깨달아 들어가는 곳〔解悟處〕이니, 여기에는 더 이상의 계급이나 차례가 없기 때문에 '돈(頓)'이라 한다. 이는 "믿음[信]이라는 인(因)에서 털끝만큼도 차이 없이 모든 부처님의 과덕(果德)에 계합해야 믿음을 이룬다."고 한 말씀과 같다.

【강의】 이 공적영지의 마음이 모든 불조의 수명이라 단언하면서 다시 의심치 말라 하십니다. 그리고 이 마음에는 본디 대소 · 원근 · 내외 · 피차 · 생사 · 거래 · 미오 등이 없음을 장황하게 설명합니다.

이와 같이 육근(六根)과 육경(六境), 일체 망상과 종종 형상과 종종 이름과 말을 모두 얻지 못할 것이니, 이것이 어찌 본래 텅 비어 고요한 것이 아니며, 또 한 물건도 없는 것이 아니냐는 것입니다. 육조(六祖) 스님도 "본래 한 물건도 없는데 어디 때가 낄 곳이 있느냐(本來無一物 何處惹塵埃)."는 법문을 하신 적이 있습니다. 아무것도 없이 텅 비어 있지만 거기서 신령되이 아는 놈 하나가 있는데, 그것은 무정(無情)과는 다르다 하였습니다. 무정이란 나무나 돌같이 마음이 없는 것을 말하는데, 우리의 공적영지는 무정과는 달리 스스로 신령스럽게 아는 성정(性情)을 가졌다는 것입니다.

이 마음을 깨달아서 지키는 자는, 오나 가나 앉으나 서나 보나 들으나 항시 일여합니다. 일여하다는 것은 변하지 않는다는 뜻이니, 따로 해탈을 구하는 것이 아니라 그 자리에서 움직이지 않고 해탈을 하는 것입니다. 반면 이 마음을 미혹해 가지고 등진 자는 지옥 · 아귀 · 축생 · 인간 · 아수라 하늘을 빙빙 돌면서 오랜 겁 동안 윤회합니다. 이렇게 깨치고 미혹한 것에는 다름이 있으나 그 본원 자리는 중생과 부처가 따로 없습니다.

성인이나 범부나 이 마음에 차이가 없다면, 불조가 사람들과 다른 점은 이 본원심을 스스로 잘 보호하느냐, 그러지 못하고 내팽개치느냐에 달린 것입니다.

만일 이 공적영지를 믿어서 그것에 가까이 가면 의심이 쉬고 바른 지견이 생겨 친히 그 맛을 본다고 했는데, 맛을 본다고 하는 것은 안다는 것과는 다릅니다.

가령 여기 물이 있는데, 물인 줄 아는 사람과 실제로 마셔 본 사람은 다릅니다. 자기가 직접 마셔 보고 찬지 더운지 단지 쓴지를 아는 것입니다. 그래서 스스로 아, 이런 것이로구나 하면서 머리를 끄덕이게 되어야 비로소 깨쳤다〔解悟〕 할 것입니다. 그런데 여기에는 사다리처럼 계급을 밟는다든지 차례차례 해 나가는 것이 없으므로 '몰록 깨친다〔頓〕'고 합니다.

그리고는 믿음이라는 인행(因行) 가운데서 모든 부처님의 과덕(果德)에 계합해야 진정한 믿음이라고 한 옛 분의 말씀을 인용해 해오(解悟)에 관한 자신의 설명을 뒷받침하고 있습니다.

어진 사람들은 공덕을 낳는 행위에 대해 마음을 기울여 부지런히 노력하는 것을 칭찬해 마지않는다. 어진 사람들은 마음을 기울여 부지런히 노력하여 두 가지 이득을 얻는다. 현재의 이익과 미래의 이익을 올바로 이해하여 마음에 흔들림이 없는 사람이 어진 사람이라 불린다.

이티붓타카

어째서 닦아야 하는가

◉

問

旣悟此理 更無階級 何假
後修 漸熏漸成耶

答

悟後漸修之義 前已具說
而復疑情未釋 不妨重說
汝須淨心 諦聽諦聽
凡夫無始廣大劫來 至于
今日 流轉五道 生來死去
堅執我相 妄想顚倒 無明
種習 久與成性 雖到今生
頓悟自性 本來空寂 與佛
無殊 而此舊習 卒難除斷
故 逢逆順境 嗔喜是非
熾然起滅 客塵煩惱 與前
無異 若不以般若 加功著
力 焉能對治無明 得到大
休大歇之地 如云頓悟雖
同佛 多生習氣深 風停波
尚湧 理現念猶侵

물었다.

“이미 이 이치를 깨달아 다시 계급이 없다면, 어째서 그 뒤에 닦아서 점점 훈습해 이루는 일이 필요합니까?”

대답하였다.

“깨달은 뒤에 점점 닦는 이치는 앞에서 구체적으로 설명을 했었다. 그런데 아직도 의심을 놓지 못하니 다시 설명하는 것도 무방하겠다. 그대는 마음을 깨끗이 하고 자세히 들어라.

범부는 시작도 알 수 없는 오랜 겁 전부터 오늘에 이르기까지 다섯 갈래의 길〔五道〕을 빙빙 돌면서 생과 사를 왔다갔다한다. 이들은 아상(我相)을 굳게 집착하여 망상과 전도된 견해와 무명(無明)의 종자 습기〔種習〕가 오래 쌓여서 자신들의 성품을 이루게 되었다.

그러므로 금생에 와서 자성이 본래 공적하여 부처와 다름없음을 깨닫긴 했으나 옛날의 습성은 갑자기 끊어지기 어렵다. 이 때문에 맞고 안 맞는 경계를 만나면 성내고 기뻐하며 옳다 그르다 하는 마음이 맹렬하게 일어났다 꺼졌다 하면서 객진번뇌(客塵煩惱)가 전과 다를 바 없다.

그러니 반야(般若)를 가지고 더욱 힘써 공을 들이지 않는다면 어찌 무명을 대적하여 크게 쉬는 경지에 이를 수 있으랴. 이는

'돈오에 있어서는 부처와 같으나 다생의 습기가 깊다. 마치 바람이 멈추어도 여전히 파도는 출렁이듯, 이치가 발현되었으나 망념이 여전히 침입한다'고 한 말씀과 같다."

【강의】 한번 깨쳤으면 그만이지, 어째서 그 다음에 닦는 일이 또 필요하냐고 묻자, 다생의 습기가 빠지지 않았기 때문이라고 답을 합니다.

범부 종자가 따로 있는 것이 아니라 아직 깨닫지 못한 사람을 말합니다. 범부가 깨닫지 못하는 데는 아상(我相)이라는 주범이 있습니다. 이 몸뚱이에 대고 '나다' 하는 생각을 내는 것이지요. 이 아상이 망상과 집착을 불려서 무명 종자를 훈습하여 그 습관이 범부의 성품을 만든다는 것입니다. 그 결과 범부는 생사의 길에서 윤회하게 된 것이지요. 습관은 제2의 천성이라는 말이 있듯이, 습관이 오래 가다 보면 천성이 되다시피 합니다. 그만큼 뿌리가 깊다는 얘기지요.

비록 금생에 와서 자기 마음 자리가 부처와 조금도 다르지 않다는 이치를 깨닫기는 했으나 뿌리 박힌 습기는 졸지에 없애기가 어렵습니다. 습기까지 끊었다면, 가령 내 몸을 누가 달라고 했을 때, 몸뚱이 때문에 발발 떨고 손가락 하나 못 주는 일은 없어야 합니다. 이치로 공한 줄은 알았지만 습기 때문에 그러지를 못하는 것입니다.

이치로는 공적한 줄을 알지만 그래도 누가 나를 칭찬해주면 마음이 솔깃하고, 누가 나를 헐뜯으면 듣기 싫고, 이래서 번뇌망상이 전과 다를 바 없다는 말입니다.

그러면 이제 어찌해야 할까요? 내가 깨쳐 얻은 지혜를 가지고 공을 들이고 힘을 써서 무명을 없애 나가야 합니다. 그러면 어느덧 크게 쉬는 자리에 이릅니다. 우리가 공부를 해서 완전히 성취한 자리를 대휴헐지(大休歇地)라고 하는데 진심과 망심, 좋은 것과 나쁜 것, 원수도 친척도 다 쉬어 편안해진 자리입니다.

다생에 뿌리 박힌 깊은 습기는 그만두고, 금생에 가령 한 오십 세만 되었다 해도 오십 년 익힌 버릇이 어떻게 대번에 사라질 수 있겠습니까. 그러니 이치로는 단박 깨달았지만 다생의 습기는 한번에 녹이기 어렵기 때문에 당분간 번뇌망상이 침투해 들어옵니다. 마치 바다에 큰 바람이 불고 나면, 바람은 그쳤어도 파도는 당분간 심하게 치다가 날이 지나야 잠잠해지는 것처럼 말이지요.

마음이 해이해지는 일 없이 무한하게 자비로운 생각을 닦아 다음 생에 다시 태어나게 될 원인을 소멸한 사람은 미혹한 생에 속박되지 않는다. 만약 사람이 하찮은 생명에게마저도 증오하는 마음 없이 자비로워진다면 그는 그로 인해 착한 사람이 된다. 모든 목숨에 측은한 마음을 품은 성스러운 사람은 많은 공덕을 이루어낸다. 죽이지 않고, 죽이게 하지 않으며, 정복하지 않고 정복하게 하지 않으며, 목숨 있는 모든 것에 대해 자비심을 품은 사람에게는 누구든지 원한을 갖지 않는다.

이티붓타카

◉

又杲禪師云

往往利根之輩 不費多力

打發此事 便生容易之心

更不修治 日久月深 依前

流浪 未免輪廻 則豈可以

一期所悟 便撥置後修耶

故悟後長須照察 妄念忽

起 都不隨之 損之又損

以至無爲 方始究竟 天下

善知識 悟後牧牛行是也

雖有後修 已先頓悟妄念

本空 心性本淨 於惡斷

斷而無斷 於善修 修而無

修 此乃眞修眞斷矣 故云

雖備修萬行 唯以無念爲

宗

또 종고(宗杲) 선사는 "영리한 근기들 중에는 더러 많은 힘을 들이지 않고도 이 일을 깨닫는 경우가 있는데, 여기서 쉽다는 생각을 내고 더 이상 닦지 않다가 세월이 가면 전과 마찬가지로 떠돌아 윤회를 면치 못한다." 하셨으니, 한때 깨달은 것이 있다 하여 어찌 그 뒤에 닦는 일을 제쳐 두겠는가.

그러므로 깨닫고 난 뒤에 오랜 기간 관조와 성찰이 필요하다. 망념이 홀연히 일어나면 절대로 따라가지 말아야 하니, 자꾸자꾸 덜어내다가 무위(無爲)에 이르면 그때가 마지막〔究竟〕 경지이다. 이것이 바로 천하의 선지식들이 깨닫고 나서 했다는 목우행(牧牛行)이라는 것이다.

비록 뒤에 닦는다〔後修〕고는 하나 망념이 본래 공하고 심성이 본래 청정함을 이미 깨달은 터이기에, 악을 끊는다 해도 끊는 것이 없고 선을 닦는다 해도 닦는 것이 없으니, 이야말로 진짜 닦는 것이며 진짜 끊는 것이다. 그러므로 "만 가지 행을 빠짐없이 닦는다 해도 무념(無念) 하나로 종지〔宗〕를 삼는다."고 한다.

【강의】 종고 선사의 말대로, 영리한 사람은 별로 힘 안 들이고, 한마디에도 이 일을 타발(打發)합니다. 타발은 발명한다, 깨친다는 말입니다. 그래서 선방에 가 보면 이까짓 것 쉬운 것이로구나 하고, 내가 알았으면 그만이지 닦고 뭐하고 할 것 있겠는가 하면서 흰소리하는 사람이 더러 있습니다. 화두나 조금 알면 바로 기운이 나서 안하무인(眼下無人) 격으로 하늘을 덮을 듯이 사방을 돌아다니기도 하는데, 이것을 수좌만(首座慢)이라 합니다. 하지만 그까짓 조금 번쩍한 것 가지고 자기가 일을 다 마친 줄로 알고 닦지 않은 채 세월이 지나면 공부하기 전과 똑같이 되어 윤회를 벗어나지 못합니다. 석가도 정진을 한다고 했으니 쉬운 생각을 내서 잠시 번쩍한 것을 가지고 자기를 방치할 일이 아닙니다.

그러면 그 번쩍한 것을 어떻게 간직해야 될까요? 이놈을 아침저녁으로 늘 살펴보고 비춰 보고 해서, 망상이 문득 일어나더라도 따라가지 말아야 합니다. 망상이 일어날 때마다 덜고 또 덜어서, 아무것도 함이 없는 무위(無爲)의 경지에 이릅니다.

함이 없다고 하니 손 묶어 놓고 앉아 있으라는 말이 아닙니다. 사람이 어떻게 그렇게 살 수 있겠습니까. 여전히 직장 갈 사람은 직장 가고, 사업할 사람은 사업하고, 공부할 사람은 공부하되 함이 없는 데 이르러야 한다는 것입니다. 말이 좀 어렵습니다. 하면서 하지 않는다니, 말도 안 되는 소리 같지만 하더라도 거기에 착(着)하지 않으면 그것이 무위입니다. 모르기 때문에 착하는 것인데, 깨쳤기 때문에 거기 착하지 않을 수 있습니다.

이렇게 하다 보면 바야흐로 최후 마치는 때〔究竟〕에 이르니, 천하의 선지식이 깨친 뒤에 소를 먹인다고 하는 행〔牧牛行〕이 이것입니다. 소를 찾았다고 할 일 다한 것이 아니라 그놈을 잘 먹이고 길들이는 일이 남은 것이지요. 이놈의 소, 남의 밭이나 논으로 뛰어들면 큰 걱정이 아니겠습니까. 그러니 그냥 내버려둬도 남의 곡식밭을 해치지 않을 정도로 말 잘 듣는 놈으로 길러야지요. 선지식 스님네들이 깨친 뒤에 이렇게 닦는다는 말인데, 이것을 보림(保任)한다고 합니다.

뒤에 닦기는 하지만 먼저 마음이 본래 공적한 줄을 깨쳐 놓았기 때문에, 악을 끊어도 끊는다는 상(相)이 없고 선을 닦아도 닦는다는 상이 없습니다. 어려운 얘기지요. 말하자면 내가 가령 남에게 보시를 한다든지 좋은 일을 해도, 내가 이런 일 했네 하는 생각 없이 하는 것입니다. 그냥 평상심으로 하라는 말입니다. 이렇게 해야 참되게 끊고 참되게 닦는 것입니다. 그러므로 아무리 많은 행을 닦고 복을 쌓아도 생각 없음〔無念〕으로 종을 삼는다 하였습니다. 이제까지 돈오점수의 이치를 설명했습니다.

먼저 깨닫고 뒤에 닦는 이치

◉ 圭峯惚判先悟後修之義云 頓悟此性元無煩惱 無漏智性 本自具足 與佛無殊 依此而修者 是名最上乘禪 亦名如來清淨禪也 若能念念修習 自然漸得百千三昧 達磨門下 轉展相傳者 是此禪也 則頓悟漸修之義 如車二輪 闕一不可

惑者不知善惡性空 堅坐不動 捺伏身心 如石壓草 以爲修心 是大惑矣 故云 聲聞 心心斷惑 能斷之心是賊 但諦觀殺盜婬妄 從性而起 起卽無起 當處便寂 何須更斷 所以云不怕念起 唯恐覺遲 又云念起卽覺 覺之卽無 故悟人分上 雖有客塵煩惱 俱成醍醐

但照惑無本 空花三界如
風卷煙 幻化六塵 如湯消
氷
若能如是 念念修習 不忘
照顧 定慧等持 則愛惡自
然淡薄 悲智自然增明 罪
業自然斷除 功行自然增
進 煩惱盡時 生死卽絶
若微細流注永斷 圓覺大
智 朗然獨存 卽現千百億
化身 於十方國中 赴感應

機 似月現九霄 影分萬水
應用無窮 度有緣衆生 快
樂無憂 名之爲大覺世尊

규봉(圭峯)이 '먼저 깨닫고 뒤에 닦는 이치'를 다음과 같이 총괄적으로 정리하였다.

"이 성품은 원래 번뇌가 없고 무루(無漏) 지혜의 성품이 본래 그 자체에 갖추어져 있는데, 이를 활짝 깨닫고 나서 이에 의지해서 닦는 것을 '최상승선(最上乘禪)'이라 하며, '여래의 청정한 선'이라고도 한다. 생각생각에 닦아 익히면 점차로 백천 가지 삼매를 저절로 얻게 될 것이니, 달마(達磨) 문하에 대대로 전해 내려오는 것이 바로 이 선(禪)이다."

이렇게 보건대, 돈오(頓悟)와 점수(漸修) 두 가지 이치는 수레의 두 바퀴와 같아서 하나라도 빠지면 안 된다.

어떤 이는 선악의 성품이 공한 줄을 모른 채, 움직이지 않고 굳게 앉아만 있으면서, 돌로 풀을 눌러 놓듯이 몸과 마음을 눌러 놓는 것으로 마음을 닦는다 하는데, 이것은 매우 미혹한 짓이다. 그러므로 "성문(聲聞)은 마음마다 미혹을 끊으나, 끊으려는 그 마음이 도적이 된다." 하니, 살생과 도둑질과 음행과 망어가 성품에서 일어나는 것인 줄 잘 관찰하기만 한다면 일어나도 일어나지 않는 것이라, 그 자리가 적멸이니 무엇을 다시 끊을 필요가 있으랴.

그러므로 "망념이 일어날 것을 걱정하지 말고 깨달음이 늦을까만을 두려워하라." 하였고, 또 "망념이 일어나면 그것이 바로

각(覺)이니, 깨달은 즉시 없어진다." 하였다.

그러므로 깨달은 사람의 입장에서는 객진번뇌(客塵煩惱)가 있다 할지라도 그것이 모두 제호(醍醐)가 된다. 그러니 미혹의 근본이 없는 줄 비춰 보기만 하면 허공 꽃 같은 삼계가 바람에 연기 걷히듯 하고, 허깨비 같은 육진(六塵) 경계가 끓는 물에 얼음 녹듯 할 것이다.

만일 생각생각에 이렇게 닦아서 살피기를 잊지 않으면 정(定)과 혜(慧)를 균등히 지니게 된다. 그러면 애정과 증오가 자연히 엷어지고, 자비와 지혜가 자연히 더욱 밝아지며, 죄업이 자연히 끊어지고, 공부하는 힘이 자연히 진보할 것이니 번뇌가 다하는 순간 생사가 끊어지리라.

그리하여 미세한 번뇌가 영원히 끊어져 원각(圓覺)의 큰 지혜만이 홀로 밝으면 그때 시방의 국토에 천백억 화신을 나투어 중생이 부르는 대로 근기에 따라 달려갈 것이다. 하늘에 달이 밝으면 모든 물에 달그림자를 나누어 나타내듯, 무궁한 응용으로 인연 있는 중생을 제도하되 아무 근심 없이 즐거우니, 이런 분을 '크게 깨달아 세상에 존귀한 이〔大覺世尊〕'라 한다.

【강의】 규봉이 돈오점수(頓悟漸修)의 뜻을 판석하는 데서, 본성품을 깨닫고 이것에 의지해서 닦는 것을 최상승의 선, 여래의 깨끗한 선이라고 했는데, 우리가 지금 닦고 있는 것도 달마 문하에서 전해온 이 선입니다.

선(禪)에도 다섯 가지 차별이 있는데, 그 중 한 가지는 외도선(外道禪)입니다. 우리 불교에서만 선을 닦는 것이 아니라 외도들도 선공부를 하는데 그들은 딴 생각을 가지고 닦습니다. 가령 내가 무엇을 어떻게 해서 성공을 해야겠다는 생각이 마음속에 있습니다. 그래서 부처님이 틀린 길이라고 지적한 방법을 붙들고 선을 닦는 경우가 있습니다. 이들은 또 극락세계는 좋아하고 지옥은 싫어하는 마음을 가지고 선을 닦습니다. 그리고 불교와는 다른, 자기들 나름대로의 주장이 있어서 그 주장에 따라 닦는 것이 외도선입니다.

두 번째는 범부들이 닦는 선입니다. 범부들은 인과를 믿습니다〔正信因果〕. 콩 심은 데 콩 나고, 팥 심은 데 팥 나는 것이 인과법칙인데, 선을 지으면 천당에 가고 악을 지으면 지옥에 간다는 것을 굳게 믿어 역시 천당을 좋아하고 지옥을 싫어하여 인과를 면하려고 닦는 것이 범부선(凡夫禪)입니다.

그 다음에 소승선(小乘禪)이 있습니다. 이들의 선을 '아공편진

지(我空偏眞智)'라 합니다. 편진(偏眞)이란 한쪽으로 치우친 진리입니다. 소승은 '나'라는 것을 찾아봐도 어디에 있는지 찾을 수 없다는 이치를 터득해서, 그 아공(我空)의 진리가 우주에 두루해(匯滿) 있습니다. 아공의 이치를 깨닫기는 했으나 아직 법공(法空)은 깨닫지 못한 것이 소승선입니다.

그 다음에 대승선(大乘禪)이란 아법(我法) 이공(二空)을 터득한 경지입니다. 나만 공한 것이 아니라 법도 공한 줄을 아는 것이지요. 『금강경(金剛經)』에도 아상, 인상, 중생상, 수자상이 없어야 한다 하시고, 법도 버릴 것인데 하물며 법 아닌 것이야 말할 것 있느냐 하는 말이 나옵니다. 우리가 지금 법을 배우고 있지만 법도 참된 것이 아니니 그런 줄 알고 배워야 한다는 말입니다.

강을 건넜으면 배가 필요 없듯이 깨달음에 도달했으면 법은 버릴 수 있어야 합니다. 육지에서도 배가 필요하다고 배를 업고 다닐 수는 없는 노릇 아닙니까. 그러나 소승은, 내가 지금 법 때문에 깨쳤으니 이것만은 버릴 수 없다고 생각합니다. 그에 비해 대승은 법도 함께 버릴 줄 압니다.

대승(大乘)은 외도의 사견을 타파하고, 인과가 공한 줄을 알고, 아와 법이 동시에 공함을 아는 것입니다. 능(能)과 소(所)를 잊었기 때문에 가능한 일입니다. 내가 있기 때문에 앞에 촛대도 있고 향로도 있고 책도 있고 대중도 있고 한데, 내가 공할 뿐 아니라 보여지는 경계도 공합니다.

이렇게 아공 · 법공을 동시에 깨달아 그것에 의지해서 닦아 가는 것이 대승선입니다.

끝으로 여기 나오는 최상승선(最上乘禪)은 우리 자성이 부처와 조금도 다를 것이 없음을 깨닫고 그 깨달음에 의해 닦는 것을 말합니다. 깨달은 뒤에 비로소 번뇌가 없어지고 지혜가 생기는 것이 아니라, 원래 번뇌 없는 지혜 성품이 마음에 자리하고 있다는 사실을 깨치는 것입니다. 선 중에 가장 높은 방법이므로 최상승이라는 말을 쓰는 것이지요.

달마(達摩) 이래로 선이 많이 확장되었는데, 이 문하에서 내려오는 선이 이 중에 다섯 번째 최상승선이고, 지금 우리가 배우는 것도 이 선입니다. 그러니 여러분도 선을 닦으면서 다섯 가지 중에 내가 지금까지 무슨 선을 해왔는지 이 기회에 한번 가늠해 보시기 바랍니다.

돈오한 뒤에 돈오한 그것을 가지고 닦으니 돈오와 점수는 둘 다 수행에 필수적인 것입니다. 수레의 두 바퀴 중 한쪽이라도 없으면 굴러가지 못하는 것처럼 말입니다.

어떤 사람은 선악의 성품이 본래 공한 줄을 알지 못하고 악을 굴복시키려고 꼼짝 않고 앉아 있는 것을 수행이라고 여기는데, 이렇게 알면 크게 잘못입니다. 돌로 풀을 눌러 놓으면 우선은 눌려 있을지 모르나 돌을 치우면 풀이 다시 고개를 드는 것과 같습니다. 그래서 성문 · 연각 · 보살, 이 삼승(三乘) 중에 성문(聲聞)은 마음 마음에 혹(惑)을 하나씩 끊어가는 것으로 수행을 삼는데, 끊는 그 마음이 역시 도적 같은 망상이 된다는 말입니다. 모르는 사이에 침입해 들어와서 마음을 훔쳐 달아나기 때문입니다.

대개 공부하는 이들의 걱정은 망상이 일어나는 것입니다. 그래서 망상을 없애려고 억지로 애를 쓰는 통에 망상을 하나 더 보태게 됩니다. 그렇다고 망상을 자꾸 피우라는 소리는 아닙니다. 망상과 죄업이 자기 성품에서 일어나는데, 자성이 공함을 살펴 알면 일어나도 일어나는 것이 아니라 당처(當處)가 고요해지므로 다시 끊고 뭐고 할 것이 없다는 말입니다.

그래서 "모든 법이 본래부터 항상 스스로 적멸한 상이라(諸法從本來 常自寂滅相)."는 말이 있습니다. 망상이 일어난다고 그것을 자꾸 두려워하지 말고 깨닫기부터 하라는 말입니다. 또 망상이 일어난 줄 아는 즉시 깨닫는다고 한 구절은 『원각경(圓覺經)』에 나오는 말입니다.

망상이 안 일어나면 부처도 없는 것입니다. 깨달은 이의 처지에서 보면 깨닫고 못 깨닫고 할 것이 없다는 말이니, 이런 사람에게는 비록 객진번뇌(客塵煩惱)가 있으나 그것도 다 좋은 약이 됩니다. 번뇌즉보리(煩惱卽菩提)가 되는 것이지요.

단지 미혹한 마음이 어디다 뿌리를 두고 있는지를 살펴서 아무 근거가 없다는 사실을 알기만 한다면 삼계의 환화(幻化)인 육진(六塵)이 싹 없어집니다. 눈에 보이는 것, 귀에 들리는 것, 코에 냄새가 맡아지는 것, 혓바닥으로 맛보는 것, 몸에 닿는 것, 뜻으로 분별하는 것, 이런 티끌이 마치 저 끓는 물에 얼음 녹듯 없어집니다.

이와 같이 해서 생각생각 자성 자리를 잊지 않고 들여다보아야 합니다. 보라고 하면 깨치지 못한 사람들은 무엇을 관할지도 모를 테지만, 견성을 한 사람은 항상 그놈을 쳐다보고 있게 됩니다. 이렇게 하면 정(定)과 혜(慧)가 가지런해집니다.

정은 선정을, 혜는 지혜를 말하는데 우리가 지금 앉아서 참선하는 것도 정을 닦는 것입니다. 정을 익히면 자연히 거기서 지혜가 생겨나고 그 지혜는 다시 정을 돕습니다. 이것이 정과 혜가 균등하게 유지되는 것이지요.

그렇게 되면 애증이 담박해져 죄업이 자연히 녹아지고, 공부가 자연스럽게 진보되어 번뇌가 다하니 그때는 생사가 끊어집니다. 그렇게 해서 아주 가늘게 끊임없이 이어지던 세밀한 번뇌〔流注〕까지도 다 끊어져버리면 남는 것은 원각대지(圓覺大智)뿐입니다. 그 원각대지가 천백억 화신을 시방국 가운데 나타내니, 달은 하나지만 천 강에 물이 있으면 천 강에 달이 있듯〔千江有水千江月〕, 우리 자성 자리는 하나지만 어디 가나 다 나타난다는 말입니다. 그 마음 자리, 그 지혜를 다함 없이 써서 인연 있는 중생을 다 제도합니다.

부처님도 인연 없는 중생은 제도를 못한다 했으니, 인연이 없으면 어떻게 제도를 하겠습니까. 나한테 와야 하고, 나한테 보여야 하고, 나한테 들려야 하는 것이지요.

인연 있는 중생을 제도하며 아주 기쁘고 상쾌해서 아무 걱정 없게 된 분을 대각세존이라 한다는 말씀입니다.

◉

問
後修門中 定慧等持之義
實未明了 更爲宣說 委示
開迷引入解脫之門

答
若設法義 入理千門 莫非
定慧 取其綱要 則自性上
體用二義 前所謂空寂靈
知是也 定是體 慧是用也
卽體之用故 慧不離定 卽
用之體故 定不離慧 定則
慧故 寂而常知 慧則定故
知而常寂
如曹溪云 心地無亂自性
定 心地無癡自性慧 若悟
如是 任運寂知 遮照無二
則是爲頓門箇者 雙修定
慧也
若言先以寂寂 治於緣慮
後以惺惺 治於昏住 先後
對治 均調昏亂 以入於靜
者 是爲漸門劣機所行也
雖云惺寂等持 未免取靜
爲行 則豈爲了事人 不離
本寂本知 任運雙修者也

물었다.

“돈오한 후에 닦는 문(門) 중에서 정과 혜를 균등히 지니는 이치를 사실상 아직 명료하게 알지 못했으니, 다시 설명을 해서 자세히 보여주시어 미혹한 이들을 깨우쳐 해탈의 문으로 이끌어 들이소서.”

대답하였다.

“법의(法義)를 시설하자면, 이치에 들어가는 문이 천 갈래가 있으나 정혜(定慧) 아닌 것이 없고, 그 요점만을 취하자면 자기 성품상의 체(體)와 용(用) 두 가지뿐이니, 앞서 말한 ‘공적영지’가 바로 이것이다. 정(定)은 체이고 혜(慧)는 용인데, 체 그대로가 작용이므로 지혜가 선정을 떠나 있지 않고 작용 그대로가 체이므로 선정이 지혜를 떠나 있지 않다. 정이 혜이므로 고요하되 항상 알고, 혜가 정이므로 알되 항상 고요하다.

조계(曹溪)스님이 말했듯이, 마음 바탕에 어지러움 없으면 자성의 정이요, 마음 바탕에 어리석음이 없으면 자성의 혜이다. 이렇게 깨달아서 고요함〔寂〕과 영지〔知〕를 임의에 따라 운전하여 막음〔遮〕과 비춤〔照〕이 둘이 아니게 되면 이를 두고 ‘돈오한 이가 정혜를 동시에 닦는다’고 한다.

그런가 하면, 먼저 적적(寂寂)함으로 연려(緣慮)를 다스린 뒤에 성성(惺惺)함으로 혼주(昏住)를 다스려, 선후를 두고 대치하여 혼침(昏沈)과 산란(散亂)을 고르게 조복함으로써 고요한 데 들어간다고 하는 것은, 점수문(漸修門)의 열등한 근기가 하는 행이다. 또렷함〔惺惺〕과 고요함〔寂寂〕을 균등히 지닌다고는 하나 고요함을 선택하는 것으로 행을 삼는 데서는 벗어나지 못했으니, 어찌 본래의 고요함과 본래의 영지(靈知)를 떠나지 않고 자재하게 동시에 닦는, '일 마친 사람'이 될 수 있으랴."

【강의】 후수문(後修門) 중에서 정혜(定慧)를 등지(等持)하는 이치에 석연치 않은 것이 있어 다시 묻고 대답하는 내용입니다. 수행의 뜻과 자세한 내용들〔法義〕을 다 말하자면 끝도 없지만 그 모든 문이 정과 혜, 이 두 가지 문에 지나지 않고, 그것은 나 자신의 마음자리에 있는 체와 용 두 가지로 요약될 수 있다는 것이 대답입니다.

체라는 것은 몸 '체(體)' 자로 내 마음의 근본을 말하는데, 이것은 일체가 공적(空寂)해 가지고 아무것도 없습니다. 본심 자리에 가서는 부처도 없고 중생도 없고, 미운 놈도 없고 고운 놈도 없고, 밝고 어두운 것도, 너다 나다 하는 것도 없으니, 설령 깨닫지 못했더라도 체라는 것은 그렇게 모든 것이 끊어진 자리입니다. 용이라는 것은 쓸 용(用) 자이니, 모든 작용을 다 구비하고 있는 것입니다. 너다 나다 하는 것도 있고, 좋다 나쁘다 하는 것도 있고, 선이다 악이다 하는 것도 있고, 천당이다 지옥이다 하는 것도 있고, 부처다 범부다 하는 것도 있습니다.

이렇게 체와 용 두 가지가 자성을 이루고 있는데 그것을 합해서 말한 것이 이른바 '공적영지'라는 것입니다. 공적(空寂)이란 텅 비어 고요한 것이고, 영지(靈知)란 신령스럽게 분명히 아는 것이니, 공적은 체가 되고 영지는 용이 되는 것입니다.

그런데 체와 용, 즉 정(定)과 혜(慧)는 서로 떨어질 수 없는 관계여서 고요하되 항상 아는 작용이 있으며, 항상 무엇인가를 알아보되 그 작용 속에 고요함이 있습니다. 그래서 적이상지(寂而常知)하고 조이상적(照而常寂)하다고 표현하였습니다.

이런 뜻에서 조계 스님〔六祖〕의 말을 인용했는데, 눌러앉아 있는 것이 정이 아니라 내 마음이 시끄럽지 않으면 그것이 정이요, 그저 총명해서가 아니라 내 마음이 어리석지 않으면 그것이 지혜라는 말씀입니다.

만약 이와 같은 것을 깨달아 적(寂)과 지(知)를 뜻대로 자재하게 운전해서 막음〔遮〕과 비춤〔照〕이 둘이 아니게 되면 돈문(頓門)의 수행자가 정혜를 쌍수(雙修)하는 것이라 했는데, 여기서 적(寂)은 막음과 체에 해당하고, 지(知)는 비춤과 용에 해당합니다.

돈문 근기들이 정혜를 동시에 닦는 데 비해, 점수문(漸修門)의 근기들에게는 선후가 있습니다. 먼저 고요한 정을 써서 반연하는 생각들〔緣慮〕을 다스립니다. 연려는 떴다 가라앉았다 시끄러운 것이니 고요한 것을 써서 다스리겠다는 마음을 갖는 것이지요. 그런 뒤에는 또렷또렷한 것을 가지고 혼침(昏沈)을 다스리는데, 혼침이란 정신이 흐려서 잠이 온다든지 가라앉는 상태를 말합니다. 망상이 일어나 산란할 때는 적적하게, 정신이 멍하고 가라앉으면 성성하게 하는 것을 두고 혼침과 산란을 고르게 조복한다(均調昏亂)고 하였습니다.

이 방법을 두고 근기가 좀 낮은 점문의 수행자가 쓰는 것이라 합니다. 이들은 성성과 적적을 다 가졌다고는 하지만 대개 고요함을 취해서 행을 삼으려고 하기 때문입니다. 요즘에도 공부하는 사람들 중에 시끄러운 데를 피해서 고요한 것을 좋아하는 경우가 많은데 아직 근기가 낮기 때문에 그런 것이겠지요. 이런 사람을 할 일 다 마친 '요사인(了事人)'이라고 할 수는 없다는 것입니다.

◉ 故曹溪云 自悟修行 不在於諍 若諍先後 卽是迷人 則達人分上 定慧等持之義 不落功用 元自無爲 更無特地時節 見色聞聲時 但伊麼 著衣喫飯時 但伊麼 屙屎送尿時 但伊麼 對人接話時 但伊麼 乃至行住坐臥 或語或默或喜或怒 一切時中 一一如是 似虛舟駕浪 隨高隨下 如流水轉山 遇曲遇直 而心心無知 今日騰騰任運 明日任運騰騰 隨順衆緣 無障無碍 於善於惡 不斷不修 質直無僞 視聽尋常 則絶一塵而作對 何勞遣蕩之功 無一念而生情 不假忘緣之力 然障濃習重 觀劣心浮 無明之力大 般若之力小 於善惡境界 未免被動靜互換 心不恬淡者 不無忘緣遣蕩功夫矣

그러므로 조계(曹溪) 스님께서 "스스로 깨닫고 수행하는 것은 다투는 데 있지 않으니 선후를 다툰다면[2] 미혹한 사람이다." 하셨다. 이렇게 볼 때 통달한 사람의 입장에서는 정과 혜를 균등히 지닌다는 이치가 공용(功用)에 떨어지는 것이 아니니, 원래 무위(無爲)한 것이지 특별한 경지가 없다.

색을 보거나 소리를 들을 때도 그럴 뿐이며, 옷 입고 밥 먹을 때도 그럴 뿐이며, 똥 누고 오줌 눌 때도 그럴 뿐이며, 사람을 접해 대화를 나눌 때도 그럴 뿐이며, 나아가 행주좌와(行住坐臥) 어묵동정(語默動靜), 그리고 성내거나 기뻐하거나 하는 그 어느 때든 낱낱이 이와 같다.

마치 빈 배를 매어 두면 물결따라 올라갔다 내려갔다 하듯이, 산골을 돌아온 물이 굽어졌다 펴졌다 하듯이, 마음마음에 아무런 앎이 없다. 오늘도 내 맘대로 자유롭고 내일도 내 맘대로 자유로워 모든 인연에 따르되 장애가 없으니, 선을 닦거나 악을 끊지 않으며, 곧고 꾸밈이 없어서 그저 예사로이 보고 들을 뿐이다.

상대할 대상(塵)이 하나도 없이 끊어졌으니 어찌 애써 떨어버리는 공부를 하랴. 망정을 일으킬 한 생각도 없으니 연려(緣慮)를 잊으려는 노력을 빌릴 필요가 없다.

2 다른 본을 참고하여 静을 諍으로 번역함.

그러나 어떤 사람은 장애가 짙고 습기가 무거우며 관(觀)하는 힘은 미약하고 마음은 들떠서 무명의 힘은 크고 반야의 힘은 작은 까닭에, 선악의 경계를 만나면 고요함과 시끄러움에 휘둘림을 면치 못해 마음이 담담하지 못하다. 이런 자에게는 연려를 잊고 번뇌를 떨쳐 보내는 공부가 필요하다.

【강의】 깨달음과 수행에 있어서 정해진 선후가 있다고 하여 돈오점수가 옳으니, 점수돈오가 옳으니 하는 사람은 뭘 모르는 사람입니다. 점수돈오는 점점 닦아 나아가다가 깨치는 것이고 돈오점수는 몰록 깨쳐서 점점 닦아 보림하는 것이나, 깨친다는 목적은 마찬가지이기 때문입니다. 오늘 일언지하에 깨쳤다고 하더라도, 과거에 많이 닦았기 때문에 오늘 한마디에 번쩍 깨닫는 것이지, 안 닦았으면 어떻게 그럴 수 있겠습니까.

이렇게 보면 다 점수돈오가 됩니다. 그러나 과거를 그만두고, 깨친 데서부터 치면 다 돈오점수가 됩니다. 깨치기 전에 닦는 것은 닦는 것이 아니라는 말입니다. 그러니 어디에 착안하느냐에 따라 생긴 차이지, 거기서 무엇이 옳네 그르네 할 것이 없습니다.

깨달은 이의 경지에서는 정과 혜를 균등히 지니는 것이 공용(功用)에 떨어지지 않는다 했는데, 공용이란 공부하느라고 힘을 쓰는 것을 말합니다. 원래 무위(無爲)라 이렇다 할 특별한 것이 없기 때문입니다. 깨달은 이의 분상(分上)에서는 그저 평상심(平常心)으로 해 나갈 뿐이지요.

아무것도 싣지 않은 빈 배는 가볍기 때문에 띄워 놓으면 물결치는 대로 오르락내리락하는데, 깨달은 이의 마음도 그렇다는 것입니다. 또 저 산 위에서 내려오는 물은 굽은 데를 만나면 휘돌아 지나가고 곧은 데를 만나면 곧장 흘러갑니다. 마치 '내 살림' 법문에서 지옥도 좋고 천당도 좋고 부처도 좋고 중생도 좋고 모두 좋다고 하는 것처럼, 심심무지(心心無知)가 되는 것입니다.

이들은 오늘도 내일도 임운등등(任運騰騰)한다고 했는데, 임운등등은 인연 따라 마음대로 하는 것입니다. 중중무진한 인연을 대하면 그런 인연을 수순(隨順)해서 아무런 장애가 없으므로 행 · 불행이 따로 없습니다.

선이라고 해서 닦으려 할 것도 없고, 악이라고 해서 끊으려 할 것도 없이 아무 작위(作爲)를 부리지 않고 그저 그대로 해 나갑니다. 번뇌를 녹여야겠다느니 망상을 없애야겠다느니 하는 공을 들일 것도 없이, 또 어떻게 하면 이 인연들을 잊어버릴까 하는 힘을 들일 필요가 없이 그냥 되어버리는 것입니다.

그러나 근기가 좀 열등한 사람은 업장이 두텁고 지혜는 적고 무명의 힘은 크고 하여 자연히 선악의 경계에 흔들립니다. 선이 오면 닦으려 하고 악이 오면 끊으려 하며, 순한 경계가 오면 취하려 하고 역한 경계가 오면 버리려 하므로 마음이 흔들려 맑고 담담하지 못합니다. 이런 사람은 당연히 공력을 안 들일 수가 없다는 말씀입니다.

우리가 대하는 객관 사물 그대로 욕심이 아니다. 이 세상의 갖가지 대상에 대하여 느끼고 생각하는 것이 바로 사람의 욕심이다. 우리가 만나는 갖가지 사물은 언제나 이 세상에 있는 것이니 그것에 대하여 일으키는 애착의 마음을 잘 다스리는 일, 그것이 곧 지혜로운 사람의 길이다.

잡아함경

◉

如云六根攝境 心不隨緣
謂之定 心境俱空 照鑑無
惑 謂之慧 此雖隨相門定
慧 漸門劣機所行也 對治
門中 不可無也
若掉擧熾盛 則先以定門
稱理攝散 心不隨緣 契乎
本寂 若昏沈尤多 則次以
慧門 擇法觀空 照鑑無惑
契乎本知 以定治乎亂想
以慧治乎無記 動靜相亡
對治功終 則對境而念念
歸宗 遇緣而心心契道 任
運雙修 方爲無事人 若如
是 則眞可謂定慧等持明
見佛性者也

"육근(六根)이 경계를 거두어들여 마음이 연(緣)을 따라가지 않는 것을 정(定)이라 하며, 마음과 경계가 둘 다 공하여 미혹 없이 비추는 것을 혜(慧)라 한다." 한 것도 이런 뜻에서 한 말이다. 이것이 상을 따르는 방편문〔隨相門〕에 속하는 정혜라서 점문(漸門)의 열등한 근기들이 하는 행이기는 하지만 다스려 나아가는 면〔對治門〕에서는 없어서는 안 되는 것이다.

도거(掉擧)가 치성한 경우에는 먼저 정의 문으로 이치에 맞게 산란심을 거둠으로써 마음이 연을 따라가지 않고 본래 적적한 데 계합하게 한다. 반면 혼침(昏沈)이 더욱 심해지면 다음으로 혜의 문으로 법을 간택(揀擇)하고 공을 관해서 미혹 없이 비추어 본래의 영지(靈知)에 계합하게 한다. 정으로 산란한 망상을 다스리고 혜로 무기(無記)를 다스려 움직임과 고요함이 서로가 서로를 없애면 다스리는 공부가 끝난다.

그렇게 되면 경계를 마주하면서도 생각생각이 종지〔宗〕에 돌아가고 연(緣)을 만나서도 마음마음이 도에 들어맞아 마음대로 자유롭게 정혜를 동시에 닦는다. 이런 이라야 일없는 사람〔無事人〕이니, 이렇게 한다면 정과 혜를 균등히 지녀 불성을 분명히 본 사람이라 할 것이다.

【강의】 여기서는 정과 혜의 뜻을 설명합니다.

먼저 정이란 안 · 이 · 비 · 설 · 신 · 의(眼耳鼻舌身意) 육근이 색 · 성 · 향 · 미 · 촉 · 법(色聲香味觸法) 육경을 제어해서 내 마음이 인연을 따라가지 않는 것을 말합니다. 경계를 마주하되 경계를 따라가지 않는다는 말입니다.깨달은 사람과 깨닫지 못한 사람의 차이는, 깨달은 이는 경계를 섭(攝)해서 자기 것을 만드는 데 반해, 깨닫지 못한 이는 경계에 휩쓸려 버립니다.

다음으로 혜란, 주체인 마음도 공하고 대상인 경계도 공해서 나와 경계 둘 다 없는 가운데 밝게 보아서 의혹이 없는 것을 말합니다.

이것이 비록 모습을 따르는〔隨相〕, 근기 얕은 사람이 행하는 방편이기는 하지만, 번뇌망상을 대치하는 문 가운데는 없어서는 안 되니 도거(掉擧)와 혼침(昏沈)을 다스려야 하기 때문입니다. 도거란 화두를 들고 앉았을 때 시끄러운 생각이 자꾸 일어나는 것을 말하는데, 그것을 다스리는 약이 정입니다. 정이란 고요한 것이니, 고요함을 가지고 흩어진 것을 거두어들임으로써 마음이 인연을 따라가지 않게 하는 것입니다.

마음이 인연을 따라가기 때문에 시끄러운 것이니까요. 촛대를 보기 때문에 촛대한테 끌려가고 향로를 보기 때문에 향로에 끌려가는데, 눈과 귀를 틀어막는 것이 아니라 촛대와 향로를 보기는 똑같이 보되 마음이 그리로 끌려가지 않는다는 뜻입니다. 경계와 마음이 하나가 되었으니 촛대가 내 마음이고 향로가 내 마음인데 뭐 하러 따라가겠습니까?

이렇게 인연을 따르지 않으면 고요한 내 자성 자리에 가서 계합합니다. 그러니 시끄러움이 병이 된 수행자는 정이라는 약을 써서 시끄러움을 가라앉히라는 말입니다.

그와 반대로 시끄러운 생각은 없는데 혼침이 심하면 혜를 써야 합니다. 너무 고요하면 정신이 흐릿해져서 아무 생각도 없이 무기(無記)에 빠지거나 잠이 옵니다. 이런 수행자는 한 점 미혹 없이 법을 판단하고 공을 관하여 그놈 얼굴을 또렷하게 비추어 본래의 영지심에 계합해야 합니다.

무기란 목석처럼 앉아서, 내가 앉았는지 어쩐지도 모르고 화두도 다 없어지고 그저 멍한 상태로 있는 것을 뜻합니다. 그래서 선방에서는 무기공에 빠진 사람은 다시 제도하기가 어렵다고들 합니다. 혹 그럴 염려가 있으니 지혜로 다스리라는 말입니다.

이렇게 정과 혜를 써서 도거와 혼침을 다스리면 움직임과 고요함이 다 없어져 대치(對治)하고 말고 할 것도 없이 공부가 익어져 다 끝납니다. 무슨 경계를 대하든 생각생각이 다 근본으로 돌아가고, 어떤 인연을 만나든 다 도에 계합합니다. 바야흐로 일없는 사람이 된 것이지요.

일없는 사람이 되기 위해서 이 공부를 하는 것이니, 생사대사라는 큰일을 눈앞에 두고서는 편치가 않기 때문입니다. 편하겠습니까. 일을 마친 사람은 번뇌라고 해서 끊을 것도 없고, 지혜라고 해서 취할 것도 없고, 움직인다고 해서 거기에 동할 것도 없고, 고요하다고 해서 거기에 빠질 것도 없습니다.

그래서 영가(永嘉) 스님의 「증도가(證道歌)」에 "배울 것이 끊어진 한가한 도인은 망상을 없애지도, 참을 구하지도 않는다(絶學無爲閒道人 不除妄想不求眞)."는 구절이 있습니다. 우리는 일이 있으니 망상을 제하려고 하지만 일 다 마친 사람에게는 망상과 보리가 따로 있는 것이 아니기 때문에 취하고 버리겠다는 생각이 없습니다. 또 우리는 거짓이 있기 때문에 참을 구하려고 하지만 이 사람에게는 거짓과 참이 따로 없기 때문에 참도 구하지 않는 것입니다.

만약 이렇게 된다면, 참으로 정과 혜를 가지런히 가졌다고 할 것이니, 그 사람은 불성 자리를 명확하게 본 사람이라는 것입니다.

항상 말만으로 떠들지 말고 또한 항상 한결같이 듣지만도 말라. 먼저 바른 도를 굳게 믿어 항상 고요함을 생각하면서 온갖 악마의 굴레를 벗어나라. 스스로 할 수 있는 것은 말해도 좋지만 제가 할 수 없는 것은 말하지 말라. 행하지 않으면서 말만 하는 것, 지혜로운 사람은 그 잘못을 환히 안다. 제가 해야 할 일을 하지 않고 하지 않고서도 했다고 말하는 것은 그것은 도적의 허물과 같다.

별역잡아함경

정과 혜를 균등히 하는 방법

◉ 問

據汝所判 悟後修門中定慧等持之義有二種 一自性定慧 二隨相定慧 自性門則曰 任運寂知 元自無爲 絶一塵而作對 何勞遣蕩之功 無一念而生情 不假忘緣之力 判云此是頓門箇者 不離自性定慧等持也 隨相門則曰 稱理攝散 擇法觀空 均調昏亂 以入無爲 判云此是漸門劣機所行也 就此兩門定慧 不無疑焉 若言一人所行也 爲復先依自性門 定慧雙修然後 更用隨相門對治之功耶 爲復先依隨相門 均調昏亂然後 以入自性門耶 若先依自性定慧 則任運寂知 更無對治之功 何須更取隨相

門定慧耶 如將皓玉 彫文
喪德
若先以隨相門定慧 對治
功成然後 趣於自性門 則
宛是漸門中 劣機悟前漸
熏也 豈云頓門箇者 先悟
後修 用無功之功也
若一時無前後 則二門定
慧 頓漸有異 如何一時竝
行也 則頓門箇者 依自性
門 任運亡功 漸門劣機

取隨相門 對治勞功 二門
之機 頓漸不同 優劣皎然
云何先悟後修門中 竝釋
二種耶 請爲通會 令絶疑
情

물었다.

"그대의 판석에 의하면, '돈오 뒤에 점수하는 문' 가운데서 정과 혜를 균등히 지니는 이치에는 자성정혜(自性定慧)와 수상정혜(隨相定慧) 두 가지가 있습니다.

자성문(自性門)에 대하여는 '고요함〔寂〕과 영지〔知〕를 임의에 따라 운용하며 원래 무위(無爲)이기 때문에 상대할 대상〔塵〕이 하나도 없이 끊어졌으니 어찌 애써 떨어버리는 공부를 하겠는가. 망정을 일으킬 한 생각도 없으니 연려(緣慮)를 잊으려는 노력을 빌릴 필요가 없다' 하고 '이는 돈문 근기가 자성을 여의지 않고 정과 혜를 균등히 지니는 것이다'라고 판정하였습니다.

수상문(隨相門)에 대하여는 '이치에 맞게 산란심을 거두며 법을 간택(揀擇)하고 공을 관해서 혼침과 산란을 균등하게 조복함으로써 무위에 들어간다' 하고 '이는 점문의 열등한 근기가 하는 수행이다'라고 판정하였습니다.

이 두 가지 문의 정혜에 대해서 의심이 없지 않습니다. 만약 이 두 가지를 한 사람이 닦는다고 한다면, 먼저 자성문에 의지해서 정과 혜를 동시에 닦은 후에 다시 수상문으로 대치하는 공부를 해야 하는 것입니까, 아니면 먼저 수상문에 의지해서 혼침과 산란을 균등히 조복한 뒤에 자성문으로 들어가야 하는 것입니까?

먼저 자성문의 정혜에 의지한다면 적(寂)과 지(知)를 자재하게 운용하여 더 이상 대치하는 노력이 필요치 않을 터인데, 무엇 하러 다시 수상문의 정혜를 취하겠습니까? 마치 티 없는 옥에다 무늬를 새겨 본래의 아름다움을 잃는 격이라 하겠습니다.

한편 먼저 수상문의 정혜로 대치하는 공부가 익어진 뒤에 자성문을 닦는다면 이는 점수문의 열등한 근기가 깨닫기 전에 점점 훈습하는 단계와 완연히 같을 터인데, 어째서 '돈문 근기가 먼저 돈오한 후에 닦는 것이라서 무공용(無功用)의 공(功)을 쓴다'고 합니까?

이 두 문을 앞뒤 없이 동시에 닦는 것이라면 두 문의 정혜에 돈점의 차이가 있는데, 어떻게 동시에 병행할 수가 있습니까? 돈문 근기는 자성문에 의지하여 자유롭게 운용하면서 공을 들이는 일이 없고, 점문의 열등한 근기는 수상문을 택하여 대치하는 노력을 들이니, 이 두 문의 근기가 돈점에 있어서 다르며, 우열이 분명합니다. 그런데 어째서 '먼저 깨달은 뒤에 닦는 문' 가운데 두 가지를 동시에 해석하십니까? 부디 회통(會通)을 해서 의심을 끊어 주십시오."

【강의】 지금까지 후수문(後修門) 중에 정혜(定慧)를 등지(等持)하는 뜻을 설명해 왔는데, 그 설명을 듣고 어떤 이가 이 정혜를 자성문(自性門)과 수상문(隨相門)으로 분류하고, 거기서 앞뒤가 안 맞는 것 같은 점을 끄집어내서 또 묻습니다.

자성문은 자기 마음자리의 정과 혜로서 무공용의 공을 쓰는 것이고, 수상문은 상을 따라서 대치(對治)하는 공(功)을 쓰는 문입니다.

만약 자성문과 수상문을 한 사람이 닦는다고 하면, 먼저 자성문을 닦고 뒤에 수상문을 닦느냐, 아니면 반대로 하느냐를 물었습니다. 먼저 자성문 정혜를 의지한다고 한다면, 무공용이라서 대치의 공이 필요치 않은데 어찌 다시 수상문 정혜를 취하겠느냐는 것입니다.

이번에는 먼저 수상문 정혜를 의지해서 대치하는 공을 이룬 연후에 자성문에 나아간다고 한다면, 열등한 근기들이 깨치기 전에 점점 훈습하는 것과 완전히 다를 바 없는데, 어떻게 돈문의 근기가 행하는 것이라고 할 수 있겠느냐는 물음입니다.

이번에는 그렇다면 무엇을 먼저 하고 나중에 할 것 없이 동시에 두 가지를 병행한다고 가정하는데, 그래도 의심은 남습니다. 돈근기와 점근기가 의지하는 문이 다르고 이들 간에는 엄연히 우열의 차이도 있는데, 어떻게 한 가지 방편문(後修門)에서 양자를 함께 다룰 수가 있느냐는 것입니다. 그래서 다시 갈래를 잡아 주어 의심을 풀어 달라고 청했습니다.

◉ 答

所釋皎然 汝自生疑 隨言
生解 轉生疑惑 得意忘言
不勞致詰

若就兩門 各判所行 則修
自性定慧者 此是頓門 用
無功之功 竝運雙寂 自修
自性 自成佛道者也
修隨相門定慧者 此是未
悟前漸門劣機 用對治之
功 心心斷惑 取靜爲行者

而此二門所行 頓漸各異
不可參亂也 然悟後修門
中 兼論隨相門對治者 非
全取漸機所行也 取其方
便 假道托宿而已
何故 於此頓門 亦有機勝
者 亦有機劣者 不可一例
判其行李也 若煩惱淡薄
身心輕安 於善離善 於惡
離惡 不動八風 寂然三受
者 依自性定慧 任運雙修

天眞無作 動靜常禪 成就
自然之理 何假隨相門對
治之義也 無病不求藥
雖先頓悟 煩惱濃厚 習氣
堅重 對境而念念生情 遇
緣而心心作對 被他昏亂
使殺昧却寂知常然者 卽
借隨相門定慧 不忘對治
均調昏亂 以入無爲 卽其
宜矣 雖借對治功夫 暫調
習氣 以先頓悟 心性本淨

煩惱本空故 卽不落漸門

劣機汚染修也

何者 修在悟前 則雖用功

不忘 念念熏修 着着生疑

未能無碍

如有一物 碍在胸中 不安

之相 常現在前 日久月深

對治功熟 則身心客塵 恰

似輕安 雖復輕安 疑根未

斷 如石壓草 猶如生死界

不得自在

故云

修在悟前 非眞修也

답하였다.

“분명히 해석해 주었는데도 그대 스스로 의심을 내는구나. 말만 따라서 이해를 하면 점점 의혹만 더해갈 뿐이지만 뜻을 얻고 말을 잊는다면 번거롭게 따질 필요가 없다.

두 문을 가지고 각각의 수행을 판석해 보겠다. 우선 자성정혜를 닦는 이는 돈문(頓門)에 속하며, 이들은 무공용(無功用)의 공을 써서 움직임과 고요함을 동시에 행하여 자기 성품을 자기가 닦아서 스스로 불도를 이루는 자이다. 수상정혜를 닦는 이는 깨닫기 전 점문(漸門)을 닦는 열등한 근기로서 대치하는 공을 써서 마음마음에 미혹을 끊어 고요함(靜)을 취하는 것으로 행을 삼는 자이다. 이 두 가지 문의 수행은 돈과 점이 각기 다르므로 뒤섞어서는 안 된다.

그러나 깨달은 뒤에 닦는 문 가운데 수상문(隨相門)의 대치를 함께 논하는 것은, 점문 근기의 행을 전적으로 취하는 것이 아니라 방편을 취하는 것이니, 길을 빌리거나 투숙을 의탁하는 정도에 불과하다.

어째서 그런가? 돈문 중에도 근기가 높은 이와 열등한 이가 있어서 한 가지 사례를 가지고 그의 수행을 판단할 수가 없기 때문이다. 번뇌가 엷고 신심(身心)이 경안(輕安)하여 선을 대하면 선을 떠나고 악을 대하면 악을 떠나 팔풍(八風)에 고요한 이는 자성정혜에 의지하여 자유롭게 두 가지를 동시에 닦는다. 이들은 천진해서 작위가 없으며 움직이든 고요하든 항상 선정에 있으므로 본래 그러한 이치를 성취했는데 대치하는 수고를 들이는 수상문을 쓸 필요가 없다. 병이 없으면 약을 구할 것이 없다.

한편 깨닫기는 했으나 번뇌가 짙고 두터우며 습기가 굳고 무거워서 경계를 대할 때마다 생각생각에 망정을 일으키고 연을 만날 때마다 마음마음에 상대를 일으켜 혼침과 산란에 휘둘려 항상한 적(寂)과 지(知)를 어둡게 하는 이가 있다. 이런 이는 수상정혜를 빌려 대치하는 노력을 잊지 말고 혼침과 산란을 고르게 조복함으로써 무위에 들어가는 것이 옳다. 이들은 대치하는 공력을 빌려 잠시 습기(習氣)를 조복하기는 하지만 심성이 본래 깨끗하고 번뇌가 본래 공하다는 이치를 이미 깨달은 터라, 점문의 열등한 근기가 행하는 오염수(汚染修)에 떨어지지는 않는다.

어째서 그런가? 닦음이 깨달음 전에 있으면 공용을 잊지 않고 생각생각에 훈습한다 해도 그때그때 의심이 생겨 걸림 없는 경지를 성취하지 못한다. 마치 가슴속에 무슨 물건인가가 걸려 있어서 편치 못한 형세처럼, 항시 눈앞에 있다가 세월이 지나 대치하는 공부가 익어지면 신심(身心)의 객진(客塵)이 흡사 경안(輕安)

을 이룬 듯하다. 경안해지기는 했으나 마치 돌로 풀을 눌러 놓은 것처럼 의심의 뿌리가 아직 끊기지 않아 아직도 생사하는 세계에서 자재하지 못한다. 그러므로 '닦음이 깨달음 전에 있으면 참된 닦음이 아니다.'라고 하였다."

【강의】 앞에서 묻는 사람이 장황하게 물었는데, 이에 대해 말꼬리를 붙들고 늘어져 이리저리 알음알이를 내면 의혹만 부풀려지니까 뜻을 알아들었으면 말은 놓아버리라고 하면서 다시 설명하는 내용입니다.

이 두 가지 문에서 행하는 바는 돈점이 각각 다르므로 혼동해서는 안 된다는 점을 전제하고 나서, 그렇지만 후수문(後修門) 가운데 수상문 대치를 겸해서 논하는 이유를 댑니다.

점문의 행을 그대로 똑같이 쓰는 것이 아니라, 부분적으로 방편을 취해서 의탁하는 것일 뿐이라고 말입니다. 돈문에도 따져보면 우열의 근기가 나뉘기 때문이라는 것입니다.

대치를 한다는 것은 혼침과 도거라는 병이 있기 때문인데, 돈문 중에서도 근기가 높은 이는 이런 병이 없기 때문에 대치라는 약을 쓸 필요가 없습니다.

그러나 돈문에서도 근기가 낮은 이는 깨닫긴 했어도 그 동안 익혀 왔던 나쁜 습성들이 완전히 가시지 않은 채 남아 있습니다. 뿌리가 뽑히지 않았기 때문에 경계를 대하면 자꾸 망상이 일어나고 그 망상은 적연상지(寂然常知)한 본심을 어둡게 만듭니다. 그러니 이런 이는 점문의 수행자들처럼 수상문의 정혜를 빌려서 대치하는 공을 잊지 말아야 한다는 것입니다. 그렇다고 해서 이들이 열등한 근기들이 닦는 오염수(汚染修)에 떨어지는 것은 아닙니다. 심성이 본래 고요하고 번뇌가 본래 공한 줄을 이미 깨달았기 때문이지요.

깨달은 뒤에 닦는 것과 깨닫기 전에 닦는 것하고는 확연히 다릅니다. 깨닫기 전에 닦는다면 애써서 공은 들이지만 무엇이 옳은지 그른지 모르니, 부딪치는 곳마다 걸림이 없을 수 없습니다. 닦는 일로 세월을 보내다 보면 조금 가볍고 편안한 경계가 온다고는 해도 그뿐이라, 의혹을 뿌리뽑지 못한 것이 마치 돌로 풀을 잠시 눌러 놓은 것과 같다는 것입니다.

이러니 생사에 자유로울 수가 있겠습니까. 그러므로 깨닫기 전에 닦는 것은 닦는 것도 아니라는 말이 나오지요. 어쩌다가 눈먼 거북이 바다에서 나무토막을 만난 격으로, 이것은 그야말로 요행수에 불과하니, 결론적으로 말하면 깨닫고서 닦는 것이 옳게 닦는 것이라는 말씀입니다.

해와 달은 네 가지 인연을 만날 때 빛을 발하지 못한다. 구름이 낄 때, 먼지가 짙거나 연기가 자욱할 때, 아수라가 삼켜버렸을 때이다. 사람에게도 네 가지 번뇌가 마음을 덮으면 깨닫지 못하게 된다. 탐욕이 강할 때, 분노하는 마음이 가득할 때, 사견을 좇는 어리석음을 가질 때, 그리고 자기의 이익에만 매달릴 때이다.

증일아함경

◉

悟人分上 雖有對治方便
念念無疑 不落汚染 日久
月深 自然契合天眞妙性
任運寂知 念念攀緣一切
境 心心永斷諸煩惱 不離
自性 定慧等持 成就無上
菩提 與前機勝者 更無差
別
則隨相門定慧 雖是漸機
所行 於悟人分上 可謂點
鐵成金

若知如是 則豈以二門定
慧 有先後次第二見之疑
乎 願諸修道之人 研味此
語 更莫狐疑 自生屈退

깨달은 사람의 경지에는 대치하는 방편이 있기는 하나 생각생각에 의심이 없으므로 오염에 떨어지지는 않는다. 세월이 갈수록 천진하고 묘한 성품에 자연히 계합하여 적(寂)과 지(知)를 마음대로 운용하며 생각생각에 모든 경계를 반연하면서도 마음마음에 모든 번뇌를 영원히 끊는다. 이들은 자성을 떠나지 않고 정과 혜를 균등히 지녀 위없는 깨달음을 성취하되 앞의 수승한 근기와 전혀 차별이 없다.

이렇게 보건대 수상문의 정혜는 점문의 근기가 닦는 행이기는 하나 깨달은 사람의 경지에서는 가히 점철성금(點鐵成金)이라 할 것이다.

이와 같은 줄 안다면 두 문의 정혜에 선후의 차례가 있어서 첫 번째니 두 번째니 하는 견해로 의심을 일으키겠는가. 도를 닦는 사람은 이 말을 연구하고 음미하여 다시는 여우 같은 의심을 일으켜 스스로 물러나는 일이 없기를 바란다.

【강의】 깨달은 사람에게도 더러 도거와 혼침이 있을 수 있고, 따라서 대치하는 방편을 쓰기도 하지만, 알아버렸으니 더 이상의 의혹은 없습니다. 그러니 경계에 끄달리는 일이 없어서, 물드는 일〔汚染〕이 없다고 하였습니다.

이런 식으로 대치해 나가다 보면 자연히 천진묘성에 부합하니, 천진한 성품이란 고요하되 아는 놈〔寂而常知〕을 말합니다. 그러니 적(寂)과 지(知)를 마음대로 쓴다 하였습니다. 일체 경계를 반연하나 마음마음에 영원히 번뇌가 없으니 무상보리를 성취할 것입니다. 이렇게 된다면 앞서 말한 돈문 중 더욱 수승한 근기와 차이가 없어집니다.

수상문 정혜는 물론 점문 수행자에게 맞는 방법이기는 하나, 깨친 사람의 분상에도 점철성금이 되니 사용하는 것도 무방하다는 말입니다. 그래서 그런지, "깨닫기는 상승 대승의 진리를 깨닫되, 행은 소승의 행을 하라."는 말이 있습니다.

또 "산에 들어가 도를 닦는 것이 어려운 것이 아니라, 경계를 대해 동하지 않는 것이 가장 어렵다〔入山修道不爲難 對境不動最爲難〕."는 말이 있습니다. 이 말씀도 깨닫고 난 뒤에 수상문을 닦는 근기에게 맞는 법문이라 하겠습니다.

이런 이치를 알았다면, 자성문 · 수상문 정혜 중에 무엇이 먼저고 나중이고를 나누어 따질 것이 없습니다.

이 이치를 직접 연구해서 맛보는 일이 우선이지 알음알이로 따지다 보면 의심이 따르고, 의심을 내다 보면 자기도 모르게 퇴굴심을 내는 법이니까요.

듣고 믿으며 배우는 자의 공덕

◉ 若具丈夫之志 求無上菩提者 捨此奚以哉 切莫執文 直須了義 一一歸就自己 契合本宗 則無師之智 自然現前 天眞之理 了然不昧 成就慧身 不由他悟 而此妙旨 雖是諸人分上 若非夙植般若種智 大乘根器者 不能一念而生正信 豈徒不信 亦乃謗讟 返招無間者 比比有之

雖不信受 一經於耳 暫時結緣 其功厥德 不可稱量 如唯心訣云 聞而不信 尙結佛種之因 學而不成 猶蓋人天之福 不失成佛之正因 況聞而信 學而成 守護不忘者 其功德 豈能度量

追念過去輪廻之業 不知其幾千劫 墮黑暗 入無間 受種種苦 又不知其幾

何而欲求佛道 不逢善友 長劫沈淪 冥冥無覺 造諸惡業 時或一思 不覺長吁 其可放緩再受前殃 又不知誰復使我 今値生人 爲萬物之靈 不昧修眞之路 實謂盲龜遇木 纖芥投針 其爲慶幸 曷勝道哉 我今若自生退屈 或生懈怠 而恒常望後 須臾失命 退墮惡趣 受諸苦痛之時 雖欲願聞一句佛法 信解受持 欲免辛酸 豈可復得乎 及到臨危 悔無所益 願諸修道之人 莫生放逸 莫著貪婬 如救頭然 不忘照顧 無常迅速 身如朝露 命若西光 今日雖存 明亦難保 切須在意 切須在意

만약 장부의 뜻을 갖추고 위없는 보리를 구하는 자라면, 이것을 제쳐 두고 무엇을 가지고 닦겠는가? 부디 문자에 집착하지 말고 직접 뜻을 알아서 낱낱이 자기에게 돌아보며 근본 종지(宗旨)에 계합해야 한다. 그러면 스승이 필요 없는 지혜가 자연히 앞에 나타나고 천진한 이치가 어둡지 않게 환히 드러나 지혜 몸〔慧身〕을 성취하되 남을 말미암아 깨닫지 않는다.

이 묘한 종지가 모든 사람에게 해당되기는 하나 일찍이 반야 종지(種智)를 심은 대승의 근기가 아니라면 한 생각에 바른 믿음을 내지는 못한다. 믿지 않을 뿐더러 비방까지 해서 도리어 무간지옥(無間地獄)을 부르는 자가 종종 있다.

비록 믿고 받아들이지는 못해도 한번 귀에 스쳐 잠깐 인연을 맺을지라도 그 공덕은 헤아릴 수 없으니 『유심결(唯心訣)』에 "듣고 믿지 않을지라도 불종자(佛種子)의 인연을 맺고, 배워서 이루지 못할지라도 인천(人天)의 복을 능가하는지라 성불의 정인(正因)을 잃지 않는다." 하였는데, 하물며 듣고서는 믿으며 배우고서는 성취하여 잊지 않고 그것을 지켜 나가는 자의 공덕을 어찌 헤아리겠는가.

과거에 윤회하던 업을 생각해 보자니, 도대체 몇천 겁 동안을 흑암지옥(黑暗地獄)에 떨어지고 무간지옥에 들어가 갖은 고통을 받았는지 알지 못한다. 또 불도를 구하려 했으나 선지식을 만나지 못해서 얼마나 오랜 겁토록 윤회에 빠져들어 깜깜하게 깨닫지 못하고 모든 악업을 지었는지를 알지 못한다. 간혹 한 번씩 생각해 보면 나도 모르게 긴 탄식이 나오니, 어찌 느슨하게 방일(放逸)하다가 전에 받던 재앙을 다시 받겠는가.

이제 사람의 몸을 받아 만물의 영장이 되어 진리 닦는 길에 어둡지 않으니, 누가 다시 나에게 이렇게 해주겠는가. 실로 눈먼 거북이 물에서 나무토막을 만난 격이며, 가느다란 겨자씨를 바늘에 던져 맞춘 격이라, 그 다행스럽고 경사스러움을 어찌 말로 다 하랴.

내 이제 스스로 퇴굴심을 내거나 게으름을 피워 항상 뒤로 미루기만 하다가 잠깐 사이에 목숨을 잃으면 악취(惡趣)에 떨어져서 모든 고통을 받을 것이다. 그때 가서는 한 구절이라도 불법을 들어서 믿고 이해하고 받아 지녀서 매운 고통을 면하고자 하나 다시는 회복할 수 없다. 위급함에 임박하여 뉘우쳐 본들 아무 소용 없는 일이다.

그러니 도를 닦는 사람은 방일한 생각을 내지 말며, 탐심과 음심에 집착하지 말고, 자기 머리에 붙은 불을 끄듯이 살피고 돌아보기를 잊지 말아야 한다. 무상한 세월은 신속한지라 몸은 아침

이슬과 같고 목숨은 서쪽에 지는 해와 같으니, 오늘은 살아 있다 해도 내일을 보장하기가 어렵다. 부디, 부디, 유념하여라.

【강의】 장부란 큰 뜻을 품은 자, 가장 잘살려는 마음을 가진 사람, 자기도 깨닫고 남도 구제하겠다는 대승의 마음을 가진 사람입니다. 이것을 제쳐 두고 무엇을 가지고 닦겠느냐고 했는데, '이것'이란 다른 것이 아니라 여러분들이 하시는 '이 뭣고'라든지, '본래면목'이라든지, '무자' 등을 말합니다. 이것 내놓고 무엇을 하려느냐는 말입니다.

문자에 매달리지 말고 뜻을 알아서 내 본심 자리에 합치된다면 그것이 바로 견성입니다. 본심에 계합하면 스승이 필요 없는 지혜〔無師智〕가 자연히 앞에 나타난다고 했는데, 이 지혜는 누가 가르쳐줘서 나타나는 것이 아니라 자기 지혜가 자기 앞에 그대로 발현되기 때문입니다. 그러므로 『화엄경(華嚴經)』에 "지혜를 성취하되 어디 딴 데서 온 것이 아니다〔成就慧身不由他悟〕." 하였습니다.

어디 다른 데서 깨달은 것이 아니므로, 이 묘한 뜻은 모든 사람의 분상(分上)에 다 있습니다. 사람사람이 다 나답게 맑은 바람 떨치고, 사람사람이 다 나답게 밝은 달이 훤하다는 것이지요. 그렇지만 과거부터 지혜의 종자를 심어 놓은 큰 근기가 아니면 한 생각에 바른 믿음을 내지는 못합니다.

『금강경』에도 "한 생각에 바른 믿음을 내는 자는, 비단 이생에서뿐만 아니라 과거 한량 없는 세상에서 많은 부처님을 친견하고 공양한 사람이다." 하였습니다.

그러나 심어 놓은 것이 없는 사람은 믿지 못할 뿐 아니라 바른 법을 듣고도 비방을 합니다. 남이 닦는 것을 보고는, 저놈 밥이 나오는가 옷이 나오는가, 괜히 좋은 밥 먹고 쓸데없이 저런 짓이나 한다고 비방합니다. 바른 법을 비방하면 결과는 무간지옥에 떨어지는 것입니다. 이 법을 듣고 신해수지(信解受持)하면 좋으련만, 그렇지는 못해도 그저 한번 이 법문을 만난 것만으로도 공덕이 된다고 하였습니다. 그러니 들은 대로 믿고 이해하고 닦아 나아가서 잃지 않는다면 말할 수 없는 공덕을 성취합니다.

과거에 윤회하던 업을 돌이켜보아, 다시는 그 고통을 받지 않도록 이 생에 사람 몸을 받아 불법을 만난 김에 결판을 내야 한다는 말이 이어집니다. 참으로 어려운 기회를 만났으니 놓쳐버리면 아까운 일 아니겠습니까.

눈먼 거북이 천년 만에 바다에서 쉬려고 머리를 내놓았는데, 그때 마침 물 위에 떠가는 나무, 나무 중에도 구멍 뚫린 나무가 있어야 거기다 머리를 대고 한 번씩 쉰다고 합니다. 천년 만에 한 번 나오는데, 만약 그런 나무토막을 만나지 못한다면 천년 만에 나왔더라도 쉬지를 못합니다. 또 저 천상에서 겨자씨 하나씩을

던져 바늘에 가서 박히는 것과 같이 어렵다는 비유를 들었습니다. 우선 사람 몸 받기가 어렵고, 그 중에서도 이 법을 만나기가 그와 같이 어렵다는 말입니다.

그런데 이런 데서 퇴굴심(退屈心)을 내서야 되기나 할 일입니까. 퇴굴심이란 하기 싫어서, 또는 못할 것 같아서 뒤로 물러나는 마음입니다. 오늘 못하면 내일 하고, 내일 못하면 내생에 한다든지, 해보니 별것 없다든지 이런 생각을 내는 것이지요. 불교 믿다가 다른 교로 떨어져 나가는 사람도 많은데, 다 퇴굴심 때문입니다. 가령 부처님한테 마지를 올리고 기도를 올리고 돈을 몽땅 갖다 바쳤는데도 자기 뜻대로 안 되면, 소용 없다고 생각하기 때문입니다.

모르는 사람은 몰라서 그렇다 치고, 아주 유식하고 명망 있는 사람들도 그렇게 퇴타하는 수가 있습니다. 그런데 불교를 믿다가 다른 종교로 들어간 사람 수보다 타 종교에서 불교로 들어오는 사람의 수가 많다고 합니다. 왜냐하면, 다른 종교를 믿어 보니 거기서 말하는 진리가 불교에 비해 그다지 심오하지 못하기 때문입니다.

그와 반대로 불교를 믿던 사람들, 특히 지성인들이 다른 종교로 가는 이유는 불교를 문자로만 알았지 실지로 자기가 아, 이것이 불법이로구나 하고 맛본 것이 없기 때문입니다. 직접 맛을 보았다면, 불교 믿고 지옥 간다 해도 포기하지 못할 텐데 말입니다.

지성인들 말고 다른 사람들은 진리에 따라서 움직이는 것이 아니라 대부분 마음이 약해서 왔다갔다합니다. 아이들처럼 무엇을 좀 갖다주면 좋아하고, 아플 때 위로해주면 좋아하고, 특히 죽을 때가 다 되어 마음이 약해지면 자기한테 잘해주는 데로 갑니다. 심지어는 외국에서 유학하다가 떠날 때 외국 사람이 행장을 들어다 줬다고 해서 고마움을 느껴 그가 추천한 종교로 간 사람도 있다고 들었습니다. 사람이란 정에 안 끌리기가 퍽 어려운가 봅니다. 그러나 개종의 원인이 정(情)에 있다기보다는 실제로 자기가 불교의 참맛을 직접 보지 못해서라고 보는 것이 옳겠지요.

이렇게 퇴굴심 내면서 게으름을 피우는 사이에 이윽고 명줄을 놓을 순간이 필연코 찾아옵니다. 인생 백년이라고 하지만 백년이 잠깐이지요. 잠깐 사이에 명을 잃고는 지옥 아귀 축생 같은 악취에 떨어지게 되니, 딱 죽어 넘어갈 때 후회한들 돌이킬 수 없는 일입니다.

그러므로 탐심이나 음심 등을 내면서 흥청망청하지 말고 자기 머리에 붙은 불을 끄듯 급하게 생각하라는 것입니다. 머리에 불붙은 사람이 무슨 다른 생각할 겨를이 있겠습니까. 이것이 마파람이냐 서풍이냐 할 수도 없는 것이고, 뒤꼭지부터 꺼야 하는가 이마부터 꺼야 하는가를 챙길 새도 없습니다. 우선 끄고 봐야지요. 이 공부는 덮어놓고 귀먹은 중 막 해대듯이 해야지, 자기가 조금 지식 있다고 해서 요리조리 따져 보려 하면 안 됩니다.

가령 무자(無字) 화두를 들면서 이렇게 따지는 이가 있다고 들었습니다. 짐승 중에는 뭐가 하나씩 모자란다고 하는데 개에게는 심장이 없다나, 그래서 조주(趙州)스님이 그런 뜻으로 무라고 했다고 알고 있더랍니다.

이렇게 자기 나름대로 아는 것을 견강부회로 요리조리 해석을 하면서 앉아 있습니다. 밤낮 있다 없다 하면서 자기가 이해한 대로 한마디씩 하는데, 그러면 천년 만년 앉았어도 소용 없습니다. 이런 사람은 뭐 좀 배웠다는 게 도리어 병통이 됩니다. 덮어놓고 그냥 무란 것이 뭐냐, 어째서 조주가 무라고 했느냐 하고 화두를 들어야 합니다. 머리에 불 끄듯, 천 길 샘 속에 빠진 사람이 나갈 생각뿐이듯, 잊지 않고 이놈을 늘 비춰 보라, 그렇게 간절한 한 생각으로 공부를 하라는 것입니다.

무상(無常)이 신속(迅速)하다는 말은, 예컨대 일 분 전에 있던 사람이 일 분 후에 없어지는 것입니다. 생명이 숨 한 번 들이쉬고 내쉬는 사이에 있으니 신속하다, 빠르다 하는 것입니다. 우리 몸뚱이는 볕이 나면 곧 사라질 아침 이슬과 같고 서산에 걸린 저녁 해와 같아서, 오늘 비록 있으나 내일을 기약할 수 없습니다. 사고로 죽든, 병으로 죽든, 제 명에 죽든, 하루라도 사람 안 죽는 날이 어디 있습니까. 문명생활 하게 되어서 살기 좋게 되었다지만 하루에도 몇 사람이 자동차에 치여 죽고, 불에 타 죽고 이러니 목숨 보전하기는 더 어려워진 세상에 살고 있지요.

남의 일로 생각하지 말고 항시 자기 일로 알고 마음을 이 일에 매어 두라는 당부를 끝으로 하였습니다. 생사가 허망한지 모르는 사람이 어디 있을까 하지만, 실은 허망한 줄 아는 사람도 적습니다. 말로는 목숨이 허망하다, 인생이 무상하다 하면서도 실제로 내가 지금 살아 있지만 이 시간 이후에는 어떻게 되느냐, 이런 생각을 하고 있는 사람이 몇이나 되겠습니까. 다른 사람은 그렇지만 나에게야 설마 그런 일이 닥칠까, 이런 요행이나 바라면서 급한 마음을 내지 못합니다.

이제 자식을 여의어 놓고, 올 농사도 좀 지어 놓고, 뭐 좀 해놓고 나서 공부를 해야겠다면서 밤낮 미루지만, 그때 당하면 또 다른 일이 생겨납니다. 며느리 맞으면 공부하겠다던 보살님들이 며느리 맞고는 더 못합니다. 또 관청 다니는 사람들이나 고위직에 있는 사람들의 경우에도, 이놈의 것 귀찮으니 얼른 내놓고 이

제 좀 한가히 살아야겠다고 이야기들을 합니다.

이제 그만 칼 풀어 놓고 조용히 정양이나 하면서 자기 정신 차리고 살아야겠다 하는데, 그러고 나서 보면 이틀 뒤에도 그대로 칼 차고 다니고, 삼 년 후에도 칼 차고 다니고, 그러니 고인이 옳은 말씀을 한마디 했습니다.

相逢盡道休官去　林下何曾見一人

만나는 사람마다 벼슬을 그만둔다 하지만
숲에서는 한 사람도 본 적이 없어라.

◉

且憑世間有爲之善 亦可 不如一食頃 正思此法 所
免三途苦輪 於天上人間 獲功德
得殊勝果報 受諸快樂 況 是知我此法門 最尊最貴
此最上乘甚深法門 暫時 於諸功德 比況不及
生信 所成功德 不可以比
喩 說其小分
如經云 若人以三千大千
世界七寶 布施供養爾所
世界衆生 皆得充滿 又教
化爾所世界一切衆生 令
得四果 其功德無量無邊

우선 세간의 유위선(有爲善)에 의지하더라도 삼악도에 윤회하는 괴로움은 면할 수 있어서 인간과 천상에 나서 수승한 과보를 얻어 갖가지 즐거움을 누리는데, 하물며 가장 높고 가장 깊은 이 법문에 의지하는 일이랴. 잠깐 동안 믿음을 내더라도 성취하는 공덕은 어떤 비유를 쓰든 조금도 설명할 수 없다.

경에 "어떤 이가 삼천대천세계의 칠보를 그 세계에 있는 모든 중생에게 보시하고 공양하여 모두를 만족시키며, 또 그 세계의 모든 중생에게 네 가지 과위(四果)를 얻게 했다면 그 공덕은 한량없고 끝이 없다. 그러나 밥 한 술 뜨는 사이에 이 법을 바르게 사유하여 얻은 공덕보다는 못하다." 하였다.

그러므로 우리의 이 법문은 가장 존귀하여 어떠한 공덕으로도 비교되지 않음을 알 수 있다.

【강의】 유위법(有爲法)은 무엇을 할 때 한다는 상(相)이 있는 법이고, 무위법(無爲法)은 하면서도 거기에 한다는 생각이 없는 법입니다. 세간법(世間法)은 무엇이든 유위법인데, 선을 닦는 것도 그렇습니다. 유위의 선(善)은 인과(因果)가 분명합니다. 칭찬을 듣겠다거나 복을 받겠다는 마음을 조금 가진 채로 십선(十善)을 닦아도 지옥, 아귀, 축생에는 들어가지 않고 천상이나 인간에 나는 과보를 받습니다.

하물며 우리가 지금 하는 가장 깊고 묘한 법문에서 잠깐이라도 신심을 내서 이루는 공덕이야 무엇으로 비교할 수가 없습니다. 무위의 공덕이기 때문이지요.

우리가 요즘 7일간 매일 고요히 앉아 있는 것을 남이 보면 우두커니 아무것도 않고 무위도식한다고 할지도 모릅니다. 그러나 경에서는, 이렇게 앉아 이 법을 바로 사유하는 공덕이 삼천대천세계에 듬뿍 차 있는 금, 은, 유리, 자거, 마노, 산호, 진주의 일곱 가지 보배로 온 세계에 좋은 일을 하는 공덕보다 더 크다고 하였습니다. 또 온 세계 중생을 교화해서 사과(四果)를 얻게 하면 그 공덕이 한량없을 것입니다.

사과란 고·집·멸·도(苦集滅道)라는 네 가지 진리〔四諦〕를 닦아 얻는 수승한 과보로서, 수다원(須陀洹)·사다함(斯陀含)·아나함(阿那含) · 아라한(阿羅漢)을 말합니다. 그렇게 얻은 공덕도 크기는 크지만 한 식경에 이 법을 바로 생각해 얻는 공덕만은 못하다 했습니다.

그러니 이 법을 사유해 얻는 공덕이 더 크다는 말인데, 작은 것에 비해서 좀더 크다는 뜻이 아닙니다. 가장 높고 가장 귀해서, 상대될 것이 없다는 뜻으로 한 말입니다. 크기로 말하자면 바깥이 없습니다. 바깥이 있어야 크기를 잴 수가 있는데, 바깥이 없으니 크다는 말조차 어울리지 않습니다. 어쩔 수 없이 말로 하자니 크다고 해본 것입니다.

무너지지 않는 마음

◉ 故經云 一念正心是道場 勝造恒沙七寶塔 寶塔畢竟碎爲塵 一念正心成正覺 願諸修道之人 研味此語 切須在意

그러므로 경에 말하였다.

"한 생각 깨끗한 마음이 도량이라, 항하 모래만큼의 많은 칠보로 탑을 쌓아올리는 것보다 낫다. 보배탑은 필경 부서져 먼지가 될 것이지만 한 생각 바른 마음은 정각을 이루기 때문이다."

바라건대 도를 닦는 사람들은 부디 이 말을 연구하고 맛보아서 마음에 새겨 두어야 한다.

【강의】 이런 소리 들으면, 불교란 참 허무맹랑하다고 할 테지만, 사실이 그렇습니다. 하루 종일은 그만두고 한 시간만 고요히 앉아 바르게 사유하더라도 말입니다. 그 보배로 탑을 쌓았더라도 필경은 무너질 것이며 탑이 아니라 그걸로 설령 부처님을 만들어 놓았더라도 다 없어질 것입니다. 왜냐하면 성주괴공(成住壞空)을 피할 수 없기 때문입니다.

그렇지만 한 생각 깨끗한 마음은 기필코 정각(正覺)을 이루기 때문에 무너지지 않습니다. 깨끗한 마음이란 몸뚱이만 여기 앉혀 놨다고 해서 되는 것이 아니라, 시장바닥을 돌아다니더라도 경계에 끄달려 가지 않는 마음, 이런저런 몹쓸 잡념이 다 떨어진 생각을 말합니다. 한 생각 깨끗한 마음이 되면 그것이 견성(見性)이지요. 그래서 공덕이 크다고 한 것입니다.

◉

此身不向今生度 更待何生度此身 今若不修 萬劫差違 今若强修 難修之行漸得不難 功行自進

嗟夫 今之人 飢逢王饍不知下口 病遇醫王 不知服藥 不曰如之何如之何者 吾末如之何也已矣

이 몸을 이생에 제도하지 않으면 다시 어느 생을 기다려 제도하겠는가. 지금 닦지 않으면 만겁에 어긋나겠지만 이제 억지로라도 닦으면 닦기 어려웠던 행이 점점 어렵지 않게 되어서 공부가 저절로 진보될 것이다.

슬프다, 요즘 사람들은 배고픈 차에 좋은 반찬을 만났어도 입에다 넣을 줄 모르고, 병든 차에 훌륭한 의원을 만났어도 약을 먹을 줄 모르니, 그래서 "어찌할거나, 어찌할거나, 하지 않는 자에게는 나도 어쩔 수 없다." 하셨다.

【강의】 앞의 두 구절은 염불할 때 외우기도 하고 아침저녁 쇳송할 때 외우기도 합니다. 이 몸뚱이가 아무리 허환(虛幻)한 것이라서 사대색신이 다 흩어지면 지수화풍으로 돌아간다고 했지만, 이 몸뚱이를 가지고 있는 동안에 내가 공부를 해서 복도 닦고 부처도 되는 것이니, 이생에 안 하면 만겁에 어긋나 구제할 수 없다는 말씀입니다. 내생에 가서 꼭 사람의 몸을 받는다는 보장이 있는지 그것도 의심이려니와, 설령 이생에서 큰 죄 안 짓고 내생에서 사람 몸을 받는다고 하더라도 불법을 만날 수 있는지 그것도 의문이 아닐 수 없습니다. 그러니 이 몸 가지고 있는 이 세상에서, 현실을 버리려 하지 말고 현실에서 찾으라는 말입니다.

흔히들 죽어서 극락세계에 간다고 하는데, 극락이 여기를 떠나 따로 있는 것이 아니라, 현실을 극락으로 만들고 그 세계를 수용하고 살아가는 것이 참다운 복을 누리는 길입니다.

이 몸과 이 현실은 매이는 곳이 많아서 당장 닦으려 하면 물론 어려움이 많습니다. 그러나 처음부터 쉬운 일이 어디 있겠습니까. 처음에는 어렵지만 억지로라도 쉬지 않고 자꾸 노력을 하면 어렵던 것이 익숙해져서 점점 쉬워집니다. 그러다 보면 공부가 저절로 앞으로 나아가게 되어 있습니다.

그런데 요즘 사람들을 보면 슬프다 하지 않을 수 없습니다. 배고픈 사람이 왕이나 먹을 수 있는 성찬을 눈앞에 두고도 입 댈 줄을 모릅니다. 목마른 사람이 샘 곁에 가서 목말라 죽는 격이니 이렇게 어리석을 데가 어디 있겠습니까. 부처님 같은 명의가 훌륭한 처방을 내미는데도 시키는 대로 약을 먹을 줄 모르니 안타까운 일이지요. 요즘 중생들이 그렇다는 말입니다.

그러니 공자(孔子)가 그런 말씀을 하셨습니다. 스스로 애가 타서 어찌할꼬, 어찌할꼬 하는 자는 성취할 가능성이 있지만 그렇지 않은 사람은 선생인 나도 어떻게 해줄 수가 없다는 말씀입니다. 갖다줘도 안 먹는 데야 공자나 부처라도 어쩔 수 없지요.

◉

且世間有爲之事 其狀可見 其功可驗 人得一事 歎其希有 我此心宗 無形可觀 無狀可見 言語道斷 心行處滅

故天魔外道 毁謗無門 釋梵諸天 稱讚不及 況凡夫淺識之流 其能髣髴

悲夫 井蛙焉知滄海之闊 野干何能師子之吼 故知末法世中 聞此法門 生希有想 信解受持者 已於無量劫中 承事諸聖 植諸善根 深結般若正因 最上根性也

故金剛經云 於此章句能生信心者 當知是人已於無量佛所 種諸善根 又云 爲發大乘者說 爲發最上乘者說

그런데 유위(有爲)의 세간사는 형상을 볼 수도 있고 효과를 경험할 수도 있어서, 사람들이 한 가지만 얻어도 희유하다고 찬탄을 하거니와 나의 이 마음 종지는 형상을 볼 수가 없어서 언어의 길이 끊겼고 마음의 행하는 곳도 끊겼다.

그러므로 천마나 외도가 헐뜯으려 해도 방법이 없고 제석과 범천이 찬탄하려 해도 할 수가 없으니, 하물며 식견이 얕은 범부 무리들이 어찌 비슷하게 따라갈 수나 있겠는가.

슬프다. 우물 안 개구리가 어찌 푸른 바다 넓은 줄을 알며, 여우가[3] 어찌 사자의 포효를 하랴.

그러므로 말법시대에 이 법문을 듣고 희유하다는 생각을 내어 믿고 이해하고 받아 지니는 자는 이미 무량한 겁 동안 많은 성인을 받들어 모시면서 많은 선근을 심어 반야의 정인(正因)을 깊게 맺은, 최상의 근기와 성품을 가진 자이다.

그러므로 『금강경(金剛經)』에 "이 구절에서 믿음을 내는 자는 이미 한량없는 부처님 처소에서 많은 선근을 심은 자인 줄을 알라." 하였고, 또 "대승(大乘)의 마음을 낸 자를 위하여 설하며, 최상승(最上乘)의 마음을 낸 자를 위하여 설한다."고 하였다.

3 원문에는 牛로 되어 있으나 다른 본을 참조하여 干으로 번역함.

【강의】 이 세상의 유위의 일이란, 하면 하는 대로 눈에 보이고 흔적이 나타나는 일입니다. 가령 나무를 심어 놓으면 얼마 안 가서 열매를 맺을 것이고, 길을 닦아 놓으면 자동차가 곧 들어오고, 그러니 일을 하면 공(功)이 나타난다는 것입니다. 사람들은 그런 일을 해놓고 스스로 장하게 여기면서 좋아합니다. 그러나 마음 닦는 것으로 근본을 삼는 이 심종(心宗)은 크고 작거나 밝고 어둡거나 깨끗하고 더럽거나 하는 어떤 형상이 없습니다.

그래서 언어도단(言語道斷)이며 심행처멸(心行處滅)이라고 했습니다. 말도 다 길이 있는 법이라 이 길을 보통 논리라고 하는데, 그 길에 의지해야 서로 말을 하고 듣고 할 수 있습니다. 그런데 마음은 말 길이 다 끊어진 것입니다.

가령 “어떤 것이 부처입니까?” 하고 묻자 “마른 똥말뚝이다.” 하였다는 화두(話頭)가 있습니다. 부처를 물었는데 마른 똥말뚝이라니, 이 소리가 무슨 소리입니까? 재주 있으면 어디 생각으로 헤아려서 말해 보십시오. 논리로 미칠 수 없는 화두입니다.

“어떤 것이 조사가 서쪽에서 오신 뜻입니까?” 하고 물으니 “뜰 앞의 잣나무니라.” 했다는 이야기도 있습니다. 그래서 잣나무 쳐다보면 불법을 알겠습니까. 아무리 뛰어난 논리학 박사를 갖다 놓는다고 해도 논리가 서지 않습니다. 심행처멸도 마찬가지입니다. 마음도 다니는 곳이 있는 법인데, 이것도 다 끊어졌다는 말입니다.

말하자면 저기 불이 있으면 저것이 불이다, 불이 있으니 밝다, 이렇게 경계(境界)를 대해서 마음이 일어납니다. 그러나 경계와 마음이 모두 공(空)한데 무슨 오고갈 데가 있겠습니까. 그러니 마음 가는 곳도 끊겼다고 하였습니다.

그러기 때문에 이 세속 학문을 '이불삼촌지설(耳不三寸之說)'이라고 합니다. 입과 귀의 사이가 세 치도 안 되니 그 범위에서 뱅뱅 도는 말에 불과하다는 뜻이지요. 아무리 대학자가 수만 권의 저술을 해서 가르치고 배워서 알고 하더라도, 논리에 의해서 지어 놓은 것이니 세 치밖에 안 된다는 것입니다.

불교도 학설적으로 이야기한다면, 논리로 따져서 설명해 놓은 것이니 논리가 다 닿습니다. 부처님의 경전도 말 길이 있고 뜻 길이 있어 조금만 생각할 줄 아는 사람이 보면 맥락을 다 읽어낼 수 있습니다. 그렇지만 우리가 지금 배우는 것은 조사문중에서 활구(活句)를 참구(參究)하는 것입니다. 여기에는 아무것도 어리대지를 못합니다.

그래서 조사의 법문을 '불야타조야타(佛也打祖也打)', '살불살조(殺佛殺祖)'라고 합니다. 부처도 쳐버리고 조사도 쳐버린다, 부처도 죽이고 조사도 죽인다는 말이지요. 그렇다고 해서 그놈들 몹쓸놈들이다, 이런 소리를 하면 어리석은 사람입니다. 어째서 부처님을 배우는 사람들이 부처를 죽이고 조사를 죽인다고 하는지 한번 생각해 봐야 할 것입니다.

우리는 불법을 배우는 사람들인데 불법을 배운다는 것은 다름이 아니라 마음을 배우는 것입니다. 마음을 배운다고 하면, 마음 없는 사람이 누가 있는가, 날마다 쓰는 것인데 그까짓 거 뭐 배우고 말고 할 것이 있겠는가, 이런 사람이 있을 테지요. 그러나 이런 사람은 참마음을 모릅니다.

참마음이란 선악도 없고 대소장단도 없고 남녀상도 없고 우열심천도 없고 부처도 조사도 없는 것입니다. 내가 생각을 일으키지 않았을 때 그것이 정작 참마음입니다. 소위 '소리 내기 전 한 곡조(聲前一曲)'라는 것입니다. 그러니 좀 어렵다고 할 테지요. 삐삐 소리든 뚱땅 소리든 나야 저건 장구 소리다, 저건 피리 소리다 할 텐데 말입니다.

세상에 소리 내기 전의 한 곡조를 들을 줄 아는 사람이 몇이나 되겠습니까. 소리 이전의 참 소리를 들을 줄 알아야 비로소 제 마음을 봤다 할 것이며, 제 마음을 봤다면 이미 부처를 이룬 사람입니다. 그런데 제 마음자리에는 부처라는 것이 어디에 있습니까.

그러니 부처도 죽이고 조사도 죽인다고 하는 것입니다.

내가 지금 이렇게 이야기하는 것도 다 논리에 의지해서 하는 소리지, 조사선법에서 하는 소리가 아닙니다. 참마음이란 내가 생각을 동하기 전인데, 움직이기 전에 무슨 부처가 있겠습니까. 부처도 없는데 하물며 너와 나, 미운 놈 고운 놈, 친한 놈 원수진 놈이 있겠습니까. 그러니 이 사회를 정화하려면 불교를 믿어야 하고 불교를 깨쳐야 한다는 결론에 이르게 됩니다. 그렇지 않으면 너 있고 나 있고, 나 살기 위해서 저놈 죽여야 하고, 나만 배부르면 그만이고, 이렇게 될 것 아닙니까.

그러나 너도 없고 나도 없는 진리를 알아버리면 그야말로 사해(四海)가 한 집안이 되고, 전 인류가 형제가 되어 세계평화가 저절로 찾아올 것입니다. 그래서 살불살조라고 하는 말이 있게 되었으니 부처조차 죽여서 깨끗한 본마음을 찾아야 합니다. 그리고 깨끗한 본마음에는 아무것도 나타나기를 바라지 말아야 합니다. 공부하는 사람들, 특히 참선하는 사람들이 간혹 무엇이 나타나기를 바라고 무엇이 쏟아지기를 기다리는데, 이는 어리석은 짓입니다.

심행처까지 다 멸했기 때문에 하늘 마구니나 외도들이 아무리 훼방할래도 문이 없고, 선신(善神)들이 칭찬을 할래야 어떻게 접근할 길이 없습니다. 그런데 하물며 아무것도 모르는 범부들이 근접이나 하겠습니까.

그러므로 말법세에 이 법문을 듣고 신해수지(信解受持)하는 자는 이미 지난 세상에서부터 선근(善根)을 심고 반야(般若)를 닦은 줄 알라는 것입니다.

이런 말을 듣고는, 어디 나 같은 것이야 그런 선근을 심었겠는가, 어떻게 공부해서 성취하겠는가 하는 생각을 내는 이도 있을 것입니다. 그러나 어리석은 생각입니다. 어째서 스스로 과거에 선근을 심지 않은 사람이라고 자처하느냐는 말입니다.

여러분들도 과거에 모두 선근을 심은 사람들임에 틀림없습니다. 날마다 한 시간이라도 한 푼이라도 더 벌려고 이리저리 설치고 다니는 이때에, 다만 7일이라도 이렇게 앉았다는 것이 그 증거가 아니겠습니까. 과거에 심은 선근이 아니면 어떻게 오늘 뜻밖에 이렇게 앉아 있겠습니까? 그러니 여러분들도 과거에 심은 선근을 믿고 닦아야 합니다.

또 이 법문은 대승의 큰 마음을 낸 자를 위해서 설했고, 가장 높은 마음을 발한 자를 위해 설했다고 했으니, 『금강경』이 못난 사람들을 위해서 설한 것이 아닙니다.

깊은 물과 얕은 물은 그 흐름이 다르다. 바닥이 얕은 개울물은 소리를 내고 흐르지만 깊고 넓은 큰 바다의 물은 소리를 내지 않고 흐른다. 부족한 것은 시끄럽지만 가득찬 것은 조용하다. 어리석은 사람은 반쯤 채워진 물그릇과 같고 지혜로운 사람은 가득찬 연못과 같다.

숫타니파타

보배를 얻으려거든

◉

願諸求道之人 莫生怯弱　求之 長怨孤貧 若欲獲寶
須發勇猛之心 宿劫善因　放下皮囊
未可知也
若不信殊勝 甘爲下劣生
艱阻之想 今不修之 則縱
有宿世善根 今斷之故 彌
在其難 轉展遠矣
今旣到寶所 不可空手而
還 一失人身 萬劫難復
請須愼之
豈有智者 知其寶所 反不

도를 구하는 사람에게 바라노니, 겁을 내지 말고 반드시 용맹심을 내야 한다. 전생 오랜 겁 동안 선한 인(因)을 심었는지는 모를 일이다.

그러나 수승한 법을 믿지 못하고 자신의 하열함을 달게 여기거나 어렵다는 생각을 내서 지금 닦지 않는다면, 지난 세상에 심어 놓은 선근(善根)이 있다 하더라도 여기서 끊기므로 더욱 어려움에 처하여 점점 멀어진다.

이제 보배가 있는 곳에 왔으니 빈손으로 돌아갈 수는 없는 일이다. 한번 사람 몸을 잃으면 만겁에 회복키 어려우니 조심해야 한다.

지혜로운 자가 보배 있는 곳을 알았는데 어째서 구할 생각은 하지 않고 영원히 외롭고 가난하다고 원망만 하는가. 보배를 얻으려거든 가죽 포대를 놓아버려라.

【강의】 마지막으로 도 닦는 사람들에게 겁 먹지 말고 용맹하게 정진할 것을 당부하는 내용입니다.

도가 굉장한 것이라고 하니, 나 같은 사람이 어떻게 감히 부처가 되랴, 세세생생 부처님 밑에 가서 시봉이나 해야겠다는 사람은 부처의 종은 될지 몰라도 백겁 천겁을 가도 부처는 못 됩니다. 우리가 불법을 배우는 목적은 부처 시봉이 아니라 부처 되는 데 있습니다.

이것이 불교가 다른 종교와 다른 점이지요. 다른 종교에서는 아무리 깊게 믿고 공부를 잘하더라도 신이 될 수는 없습니다. 그러나 우리 불교에서는 나나 부처나 다 똑같습니다. 단지 부처는 먼저 깨친 부처고, 우리는 아직 깨치지 못한 부처라는 점만 다를 뿐. 그러니 용맹심을 내서 닦아 볼 만하지 않습니까.

여러 겁을 두고 선한 인을 심지 않았다고 어떻게 장담할 수 있습니까. 그 선연을 믿지 않고 자기 자신을 하열한 사람으로 치부하고, 따라서 도에는 감히 다가갈 수 없는 무엇이 가로막혀 있다는 생각을 하는 사람이 많습니다.

처음부터 이렇게 포기하고 닦지 않는다면, 설령 과거에 선근을 심었더라도 이생에서 싹을 틔워 보지도 못하고 끊어져 버립니다. 그래서 더 멀어지게 되는 것이지요.

여러분은 이제 보배 있는 정진도량에 왔고 보배 가져가라고 법문까지 하는데, 빈주먹 쥐고 갈 수야 있겠습니까. 힘들게 사람 몸 받았는데, 그리고 보배 있는 곳도 알았는데, 보배를 가지려 하지 않고 가난을 원망하기만 하면 무얼 합니까. 한번 사람 몸을 잃으면 만겁에 다시 만나기 어려우니 조심해야 합니다.

보배를 얻고자 한다면 가죽 포대를 놓아버리라는 말은, 몸뚱이를 아끼지 말라는 뜻입니다. 우리 살가죽이 몸뚱이를 둘러싸고 있기 때문에 육신을 가죽 포대라고 하였는데, 그 속에는 모두 더러운 것밖에는 없으니 그것을 애지중지 아끼느라 공부 안 하고 허송세월 하지 말라는 말씀입니다.

이렇게 해서 『수심결』 법문을 마치게 되었는데, 법문 중에는 어느 정도 필요한 것도 있겠지만 이것도 다 쓸데없는 말입니다. 그러므로 운문대혜(雲門大慧) 스님께서는 이런 말씀을 하셨습니다.

莫將閑話爲閑話　往往事從閑話生

쓸데없는 말을 가지고 쓸데없는 말을 하지 마라
일은 종종 쓸데없는 말에서 벌어지느니라.

책 속으로…

마음 닦는 해법(解法), 보조 스님 수심결

이 수심결(修心訣)은 고려시대 국사(國師)를 지낸 지눌(知訥) 스님이 지은 것으로 글자 그대로 '마음 닦는 비결'이다. 이 비결은 돈오점수(頓悟漸修)설과 정혜쌍수(定慧雙修)설을 내세운 수심서로 세상에 널리 알려져 있다.

수심결은 짧은 글임에도 마음 닦는 법의 기본적인 토대가 되는 마음 동기부터 마음 공부가 어려운 이유, 공부해 가는 방법, 공부의 공덕에 이르기까지 한 글귀도 빠뜨릴 수 없는 정련된 글이다.

더욱이 깨달음의 자리를 밝히는 데 이르러 "삿된 것과 바른 것을 가리지 못하면 미혹한 사람이며 전도된 사람"이라고, 견성과 신통의 경계를 분명히 하여 자칫 현혹되기 쉬운 오늘날 우리에게도 일침을 가해준다.

이를 해안 스님은 "봉사 하나가 여러 봉사를 끌고 간다(一盲引衆盲)"는 문구로 설명해 주고 있다. 실로 자기도 도를 알지 못하면서 남을 가르친다고 스승 노릇만 하려는 요즘 세태가 귀담아 들어야 할 말씀이 아닐 수 없다.

그런데 이 수심결은 선불교적인 용어와 교리가 점철되어 있어 일반인들로서는 쉽게 다가가기 어렵다. 그리고 그 원문이 한문으로 쓰여 있어 더욱 접근을 어렵게 한다. 때문에 조선시대에도 고승들이 당시의 말로 번역[언해諺解]하고 풀이해 자신들 수행의 방편으로 삼는 한편 일반인들도 접근할 수 있도록 했던 것이다. 하지만 말결이 달라진 지금 그 언해본마저 쉽게 볼 수 없는 처지에 있다. 다행히 최근 들어 보다 쉬운 우리말로 번역하여 독자들에게 다가가려는 노력이 적지 않아 반가울 따름이다. 아래 보인 해안 스님의 말씀을 통해서도 스님의 번역과 강의 또한 이러한 의도의 연장선에 있다고 보아진다.

"이제까지 다른 법문은 많이 했습니다만, 수심결 법문은 한 차례도 하지 않았습니다. 이번에는 전에 안 했던 법문을 해서 배우지 못했던 것을 듣도록 해야겠다는 뜻에서 수심결을 하게 되었습니다."

해안 스님의 말씀처럼 이 책을 읽는 독자들 또한 전에 들을 수 없었던 법문을 들을 수 있으면 하는 바람이다. 더욱 스님의 잔잔하면서도 미소를 짓게 하는 어투의 문체와 일상적인 비유를 통해 깊은 뜻을 이끌어내는 수심(修心)의 방편들은 독자의 마음을 끌기에 충분하다고 여겨진다.

김상일 (동국대학교 국문과 교수)

◉
보조국사 지눌의
수행 비전

마음 닦는
비결

초판 1쇄 인쇄 2014년 3월 31일
초판 1쇄 발행 2014년 4월 5일

엮은이 동명
펴낸이 오세광

펴낸곳 도서출판 나라연

출판신고번호 제 313-2006-000136호
신고일자 2006년 6월 26일
주소 서울 마포구 마포동 136-1번지 한신빌딩 1813호
전화 02-706-0792
팩스 02-719-8198

ISBN 978-89-958734-7-2 03220

「이 도서의 국립중앙도서관 출판시도서목록(CIP)은 서지정보유통지원시스템 홈페이지(http://seoji.nl.go.kr)와 국가자료공동목록시스템(http://www.nl.go.kr/kolisnet)에서 이용하실 수 있습니다.(CIP제어번호: CIP2014009364)」